나만의 꿈을 찾아요

똑 부러지는 어린이
③ 진로 편

나만의 꿈을 찾아요

똑 부러지는 어린이
③ 진로 편

이서윤 글 · 국민지 그림

전국교사작가협회 **책쓰샘 선생님들의 추천평**

■ 초등학교 2학년 때 '나의 꿈'을 적는 시간에 선생님이 되고 싶다고 적었어요. 그리고 정말 선생님이 되었죠. 어렸을 적 꿈을 이뤘지만, 저에게는 아직도 꿈이 있답니다. 이 책을 보며 어른인 저도 '꿈 공책'을 만들고 싶어졌어요. 이서윤 선생님과 함께하는 꿈 수업, 꼭 참여해 보세요. 반짝반짝 빛나는 여러분을 만날 수 있을 거예요.

_권리라 선생님

■ 미래를 보여 주는 마법의 카메라가 여러분 앞에 있다면 믿으시겠어요? 이 책을 펼치는 순간 꿈을 찾는 신나고 즐거운 여행이 시작됩니다. 태경이와 친구들의 재미있고 유쾌한 꿈 찾기 여행! 여러분도 함께해 보세요!

_김보라 선생님

■ 마법의 카메라 그리고 꿈 사탕과 함께 떠나는 태경이의 꿈 찾기 여행, 아이들이 진짜 '나만의 꿈'이 무엇인지 스스로 묻고, 조심스레 답을 찾아 가는 따뜻한 이야기입니다.

_김샛별 선생님

■ 태경이와 친구들이 그러했듯, 여러분의 꿈은 공책에 적어 내려가는 그 순간부터 시작됩니다. 이 책을 읽는 모든 어린이 친구의 꿈을 온 마음으로 응원해요!

_김서인 선생님

■ 마법의 카메라와 꿈 사탕이 어린이들의 상상력과 흥미를 이끌어 냅니다. 꿈이 뭔지 모르는 아이들이 좋아하는 것, 하고 싶은 것을 찾아 가는 과정을 섬세하게 그려 낸 책입니다. 특히 교사와 친구, 가족과의 관계 속에서, 꿈이라는 것이 함께 나누고 응원하며 자라나는 것임을 아이 스스로 깨닫게 해 줍니다. 자녀의 미래가 궁금한 모든 학부모님께, 이 책을 먼저 읽고 자녀에게 다정하게 이야기해 주며 함께 꿈을 만들어 갈 것을 권하고 싶습니다.

_김원배 선생님

■ 우리 친구들의 꿈은 무엇인가요? 사실 꿈을 찾고 정하기란 참 어려운 일이에요. 이 책을 읽으면서 태경이와 함께 꿈 수업을 받아 보세요. 태경이처럼 여러분도 나만의 꿈 공책을 만들어 함께 따라 해 보면 좋겠어요. 이런 과정을 통해 친구들이 정말로 나만의 멋진 꿈을 찾을 수 있길 바랍니다.

_김주원 선생님

■ 꿈을 몰라 고민하는 아이들을 위한 따뜻한 안내서! 《나만의 꿈을 찾아요》는 즐거운 이야기를 통해 아이들이 자연스럽게 자신의 꿈을 발견할 수 있도록 도와주는 책입니다.

_민은정 선생님

■ 노력하는 자만이 꿈을 이룰 수 있다는 진리를 태경이의 마법 같은 여정을 통해 아이들의 눈높이에 맞춰 알려 줍니다. 꿈을 찾고 있는 모든 아이에게 꼭 들려주고 싶은 이야기입니다.

_박나리 선생님

■ 꿈이 없는 아이들에게 꿈을 찾고 싶은 마음을 먹게 해 주는 책입니다. 아이들의 눈높이에서 재미와 호기심을 느끼며 빠져들 수 있는 책인 것 같아요. '마법의 카메라와 꿈 사탕' 편을 읽을 땐 '정말 저런 카메라와 사탕이 있을까?' 하며 고개를 갸우뚱하게 되더라고요. '저런 카메라가 실제로 있다면 나도 찍어 보고 싶다' 하고 생각하며 책을 읽었습니다. 어른인 저에게도 '꿈이 무엇인지'를 다시 한번 생각해 보게 하는 계기가 되었습니다. 저도 '꿈 공책'을 만들어 봐야겠어요!

_박민선 선생님

■ '꿈'이라고 하면 보통 나중에 커서 가질 직업만을 떠올리는 친구들이 많아요. 하지만 꿈은 '직업'뿐 아니라 내가 하고 싶은 것, 내가 되고 싶은 모습, 내가 갖고 싶은 것 등을 모두 포함해요. 그러니 나에 대해 잘 알수록 더 구체적인 꿈을 가질 수 있겠죠. 이 책은 나를 알아 가는 방법을 태경이, 은서 등 여러 친구와 함께 재미있게 배울 수 있는 고마운 책이랍니다.

_박정은 선생님

■ 요즘 교육계의 중요한 화두 중 하나가 진로 지도입니다. 우리 아이들은 아직 무엇을 해야 할지 잘 모르고 막막해하는 경우가 많습니다. 나만의 꿈에 대해 생각하고 그 꿈을 찾기 위해 노력할 필요가 있습니다. 《나만의 꿈을 찾아요》는 어떻게 꿈을 찾아야 하는지, 그 꿈을 이루기 위해 무엇을 해야 하는지, 궁금증에 대한 해답을 재미있는 동화 속에서 다양하게 제시하며 자기도 모르게 '나의 꿈은 무엇일까?' 생각하게 합니다. 다른 꿈보다 더 무겁고 귀중한 꿈은 없습니다. 모든 꿈이 똑같이 소중하고 중요하기 때문입니다. 이 책을 읽고 나의 꿈이 무엇인지 생각해 보세요. 꼭 그 꿈이 이루어지길 바랍니다!

_배혜림 선생님

■ 이 책은 친구들과 함께하는 신나는 꿈 수업을 배경으로 아이들이 '꿈이란 무엇일까?'를 자연스럽게 깨우치도록 이끌어 줍니다. '꿈 공책' 만들기, 버킷 리스트 작성, 장래 희망 프로젝트 등 구체적인 활동이 담겨 있어 초등학생이 스스로 목표를 설정하고 실천하는 즐거움을 느낄 수 있습니다. 교실용 워크 시트나 가정 토론 자료로도 활용하기 좋아, 아이와 함께 읽으며 아이의 자신감을 높이고 동기 부여를 해 주는 뜻깊은 시간을 선물할 수 있는 책입니다.

_서지예 선생님

■ 꿈 수업을 따라가다 보면 우리 모두 꿈을 찾을 수 있습니다. '과연 이게 될까?'라고 의심했던 아이들의 마음까지 사로잡은 희망찬 꿈 이야기가 담겨 있어요. 아이도 어른도 꿈꾸게 하는 이야기 속으로 같이 빠져들어 봅시다. 역시 꿈꾸는 사람은 아름답습니다!

_소라 선생님

■ 아직 되고 싶은 것이 없다고요? 마법의 카메라, 꿈 사탕, 꿈 공책과 함께하는 '꿈 찾기 여행'을 함께 떠나요! 여러분도 틀림없이 꿈을 찾게 될 거예요.

_유초록 선생님

■ 또래 친구들의 이야기를 통해 진로에 대한 고민과 성장을 따뜻하게 그려 낸 동화책입니다. 책을 따라 자신의 꿈을 적고 찾아 가는 여정을 통해 아이들이 소중한 꿈을 발견하길 바랍니다.

_이고은 선생님

■ 저도 어릴 적엔 꿈이 자주 바뀌었어요. 심지어 대학생 때는 다른 것을 전공하다가 나중에 교사의 길을 선택하게 되었어요. 여러분도 가족이나 친구 혹은 세상이 바라는 꿈이 아니라 진짜 '내가 하고 싶은 일'을 찾길 바라요. 이 책이 여러분의 꿈을 찾아 주는 좋은 길라잡이가 될 거예요. 언제나 꿈꾸며 살아가는 멋진 학생들이 되기를, 선생님도 함께 꿈꾸며 응원할게요. 우리 모두 파이팅!

_정희선 선생님

■ 꿈을 그리는 사람은 그 꿈을 닮아 간다고 해요. 꿈 공책에 내가 되고 싶은 모습을 상상하며 하나둘씩 적어 보고, 꿈에 대해 자주 생각하고 말해 보세요. 꿈에 대한 그리움이 커질 때쯤 여러분은 그 꿈에 가까워질 수 있을 거예요. 친구들과 함께 작은 '꿈 파티'를 열어 보는 건 어떨까요? 교실을 가득 채운 꿈과 희망을 만날 수 있을 거예요. 여러분의 환한 미래를 응원합니다.

_조은혜 선생님

■ 이 책을 읽으며 오래전, 꿈 보드판을 만들며 설레는 마음에 잠 못 이루던 밤들이 떠올랐습니다. 간절히 바라는 꿈을 생생히 그리며 노력했던 순간들, 그 꿈들이 하나둘 현실이 된 경험은 지금도 마음을 벅차게 만듭니다. 많은 어린이가 이서윤 선생님이 안내하는 신나는 '꿈 파티'에 초대되어 자신만의 꿈을 찾고 키워 가는 여정을 시작하길 진심으로 응원합니다. 꿈을 꾸는 게 얼마나 멋진 일인지, 이 책을 읽은 아이들의 마음에 따뜻하게 스며들기를 바랍니다.

_최윤영 선생님

■ 물음표 하나가 마음을 톡 건드립니다. "꿈이 뭐야?"라는 질문을 받은 아이는 정해진 답처럼 외우던 장래 희망이 아니라 진짜로 자신이 하고 싶은 것을 처음으로 떠올립니다. 이 책은 그런 꿈의 시작을 보여 줍니다. 아이뿐 아니라 어른에게도요.

_황지현 선생님

안녕하세요? 꿈을 찾아 주는 선생님, 이서윤입니다.

여러분은 꿈이 정확히 무엇을 뜻하는지 알고 있나요? 다양한 대답이 여기저기서 들려오는 것 같네요. 그런데 답을 못하고 우물쭈물하는 친구들도 꽤 있는 것 같아요. 이 책의 주인공 태경이처럼요. 태경이는 올해 4학년이 되었는데 3학년 때부터 자신의 꿈이 무엇인지 몰라 고민했어요. 자기 꿈이 무엇인지 척척 말하는 친구들을 보며 부러워했지요. 그런 태경이가 꿈을 찾아 준다는 이상한 선생님을 만나게 됐어요. 선생님은 태경이에게 미래를 보여 주는 마법의 카메라와 내 꿈의 맛이 담긴 꿈 사탕도 보여 줬지요.

처음에는 태경이도 선생님의 말을 의심했지만 꿈 수업을 들으며 점점 나만의 꿈이 무엇인지 알게 되었고, 자기 꿈에 대해 자신 있게 말할 수 있게 되었답니다. 그래도 안 믿긴다고요? 뭐, 못 믿으면 어쩔 수 없죠. 하지만 이것 하나는 확실해요. 여러분이 이 책을 펼치는 순간, 꿈을 찾는 신나고 즐거운 여행이 시작될 거예요. 그리고 함께 꿈을 찾는 여행을 떠나면 반드시 나만의 꿈이 무엇인지 찾아내게 될 거예요.

어때요? 여러분의 꿈을 발견할 재미있고 흥미로운 '꿈 찾기 여행'을 함께 떠나지 않을래요?

여러분의 꿈을 찾아 주는

이서윤 선생님이

차례

추천의 글 … 4
여는 글 · 꿈은 도대체 뭘까? … 8

1장 · 왜 자꾸 꿈이 뭐냐고 물어보는 거야!

꿈이 없는 아이, 이태경 … 14
마법의 카메라와 꿈 사탕 … 20
공책으로 만드는 내 꿈의 공장 … 26
없는 꿈을 이룰 순 없지! … 34
주말엔 캐치볼 … 40
은서가 좋은데 어떡하지? … 48

2장 · 내가 되고 싶고 하고 싶은 것, 꿈!

그래서 꿈이란 게 정확히 뭔데? … 54
죽기 전에 꼭 하고 싶은 것 … 62
나만의 버킷 리스트를 쓰다 … 71
장래 희망 찾기 프로젝트 1 … 81
장래 희망 찾기 프로젝트 2 … 90

3장 · 내 꿈은 ( )입니다!

삼총사는 오늘로 끝이야!	100
하루 만에 재결합한 삼총사	108
야구 캐스터가 내 꿈?	114
나만의 꿈으로 꾸미는 꿈 보드	120
미래 일기로 엿본 내 모습	128
꿈 공책이 사라지다	135
달콤한 꿈 사탕의 맛	149

4장 · 여러분을 꿈 파티에 초대합니다!

은서와의 약속	158
5반의 꿈 파티에 초대합니다	162
마법의 카메라에 찍힌 내 모습	169
오늘부터 한 걸음씩, 내 꿈에 다가가다	178

닫는 글 · 여러분의 꿈을 찾으셨나요?   182

1장

왜 자꾸 꿈이 뭐냐고 물어보는 거야!

꿈이 없는 아이, 이태경

"넌 꿈이 뭐니?"

"커서 뭐가 되고 싶니?"

'아, 또 저 질문…….'

어른들은 참 이상하다. 처음 보는 아이에게 항상 장래 희망이 뭔지, 꿈이 있는지 물어본다. 자기소개를 할 때도 장래 희망을 같이 말하라고 하고 말이다.

작년, 내가 열 살이었을 때가 생각난다. 이제 나도 어엿한 3학년이니 당당한 걸음으로 교실에 들어갔는데, 무척 깐깐해 보이는 담임 선생님이 교탁 앞에 서 계셨다. 역시나 선생님은 다른 어른들처럼 첫날이니 자기소개부터 하자고 했다.

"여러분, 3학년 4반이 된 것을 환영해요. 오늘 새로운 친구들을 만났으니 자기소개를 하는 게 좋겠죠? 한 명씩 돌아가면서 할 거예요. 이름, 좋아하는 것, 취미, 장래 희망을 말해 보세요."

첫 번째로 발표한 친구는 시험을 칠 때마다 1등을 하는 민규였다. 민규는 똑똑하고 발표도 잘해서 항상 선생님께 칭찬받는 데다가 작년에는 반장도 했다.

"안녕하세요. 저는 안민규입니다. 저는 축구를 좋아하고 취미도 축구입니다. 제 장래 희망은 의사입니다."

공부 좀 하는 애들은 다 의사가 꿈인 것 같았다. 엄마도 "우리 태경이가 공부를 잘하면 커서 의사가 될 텐데"라고 말하곤 했다.

민규 말고 다른 아이들도 장래 희망이 무엇인지 곧잘 말했다. 그중에는 멋있어 보이는 직업도 많았다. 2학년 때 내가 자주 놀렸던 정민이는 고고학자가 되고 싶다고 했다. 유적지를 발굴해서 옛날 사람들이 어떻게 살았는지 연구하는 학자라고 했다. 굉장히 멋있어 보였다.

바로 앞 동에 사는 세환이는 파일럿이 꿈이라고 했다. 비행기를 타고 하늘을 나는 일이라, 그것도 꽤 멋있어 보였다. 연예인이나 유튜버가 될 거라는 친구도 있었고, 피아노를 잘 치는 유민이는 피아니스트가 되는 게 꿈이라고 했다. 항상 예쁜 원피스를 입고 다니는 수연이는 파티시에가 꿈이라고 했다. 만화책에서 봤다고 하는데 케이크나 다양한 디저트를 만드는 사람이었다. 점점 내 차례가 다가오고 있었다.

'나는, 나는…… 뭐가 되고 싶은 걸까?'

한참 생각하고 있는데 선생님의 따가운 시선이 느껴졌다. 생각에 잠긴 사이 내 차례가 된 것이었다.

"아, 안녕하세요. 저는 이태경이라고 합니다. 저는 게임을 좋아합니다. 취미도 게임하는 것이고요. 장래 희망은 없습니다."

힐끗 선생님의 눈치를 보니 조금 화가 나신 것 같았다. 선생님은 내게 장래 희망을 다시 말하라고 했다.

"정말 없는데요."

"장래 희망이 없는 애가 어디 있어? 그냥 하고 싶은 거 말하는 건데. 다른 친구들도 다 말하지 않았니? 생각해 보고 마지막 친구가 말한 후에 다시 말하도록 해라."

선생님은 나에게 마지막 친구가 발표할 때까지 생각할 시간을 주셨다.

'으아, 정말 싫다. 왜 꼭 장래 희망이 있어야만 하는 걸까?'

결국 마지막 순번인 친구도 발표를 끝내고 다시 내가 장래 희망을 말할 차례가 되었지만 나는 아무 말도 하지 못했다. 선생님은 나를 첫날부터 반항하는 아이로 여기는 것 같았다. 선생님이 날 미워한 건 그날부터였다. 선생님은 무슨 일이 있으면 항상 나부터 혼냈다. 그것 때문에 작년 한 해가 참 힘들었다.

난 꿈이 있는 친구들이 부럽다. 다들 도대체 어떻게 장래 희망을 찾게 된 걸까? 나는 특별히 잘하는 것이 없다. 민규처럼 공부를 잘하는 것도 아니고 준수처럼 축구를 잘해서 축구부에 들어간 것도 아니고 유민이처럼 피아노를 잘 치는 것도 아니다. 좋아하는 것 중에서도 장래 희망이 될 만한 건 없다. 학교에서 수행 평가를 봐도 딱히 뛰어나게 잘하는 과목이 없다. 그래서일까? 내가 무언가를 하고 싶고 그걸 장래 희망으로 삼겠다고 말하면 친구들이 나를 무척 비웃을 것 같았다.

집에서 써 오는 자기소개서에도 장래 희망을 쓰는 칸이 있었다.

"엄마, 엄마는 내가 뭐가 됐으면 좋겠어요?"

"네가 판사나 검사, 의사 같은 직업을 갖거나 공무원으로 안정적으로 사는 것만큼 좋은 게 어디 있겠니? 뭐, 되고 싶다고 되는 건 아니긴 하지만."

 엄마에게 물어봐도 딱히 쓸 말이 없었다. 하지만 나는 선생님의 화난 표정이 떠올라서 장래 희망을 적는 칸에 '공무원'이라고 또박또박 적어 넣었다.

마법의 카메라와 꿈 사탕

　새 학년 새 학기가 되었다. 올해는 4학년 5반이다. 작년의 악몽이 다시 떠올랐다. 이번에도 분명 선생님께서 우리에게 꿈이 무엇인지 물을 게 뻔했다. 교실에 들어가자 올해 담임을 맡은 이서윤 선생님이 먼저 와 계셨다. 무섭고 깐깐해 보이지 않아서 일단 안심했다. 게다가 2학년 때 만나 삼총사가 된 재민이, 동규와 같은 반이 되어서 마치 든든한 지원군이 생긴 것 같았다. 그런데 이서윤 선생님은 다른 선생님과 뭔가 좀 달랐다. 자기소개를 시키긴 했지만 장래 희망을 말하라거나 자기소개서에 적어 오라고 하지 않았다. 게다가 선생님은 이렇게 말씀하셨다.

"여러분, 지금까지 '장래 희망이 뭐예요? 커서 뭐가 되고 싶어요? 하고 싶은 일이 뭐예요?'라는 말을 무척이나 많이 들었을 거예요. 그때마다 막막하기도 하고 '말한다고 되는 것도 아닌데…….'라는 생각도 들고 무슨 직업이 있는지 잘 몰라서 선뜻 대답하기 어렵기도 했을 거예요."

나는 선생님이 내가 평소에 생각하던 것과 똑같이 말씀하셔서 깜짝 놀랐다.

"내가 잘하는 게 뭔지도 모르겠고, 꼭 그런 걸 남한테 말해야 하나 싶고, 내 꿈이 이거라고 말하면 친구나 선생님이 비웃고 놀릴 것 같아서 말하고 싶지 않을 때도 있을 거예요."

'아니, 꼭 내 마음을 읽기라도 하신 것 같아.'

"선생님은 몇 년 전에 여기저기 여행을 다녔어요. 그러다 어느 백발 할아버지를 만나 신비한 물건을 얻었답니다."

선생님은 카메라를 꺼내셨다. 겉으로 보기에는 그냥 평범한 카메라였다.

"이 카메라는 찍히는 사람의 꿈을 보여 주는 마법의 카메라예요. 그 사람이 미래에 무슨 직업을 가질지 보여 주죠."

'우와, 신기하다. 나는 어떤 모습으로 찍힐까?'

나는 선생님이 한 말에 잠깐 설레기도 했지만 도무지 그대로 믿을 수 없어서 거짓말일 거라고 생각했다.

다른 아이들도 긴가민가한 표정이었는데 다들 마법의 카메라에 찍혀 보고 싶긴 한 것 같았다. 그러자 선생님은 이번에도 우리 마음을 읽은 것처럼 말씀하셨다.

"안 믿기죠? 선생님도 실제로 경험하기 전에는 믿기 어려웠어요. 선생님이 이 카메라로 처음 찍어 준 사람은 선생님의 조카였어요. 그리고 조카는 꿈 사탕도 먹었지요."

선생님은 교탁 아래서 알록달록 예쁜 사탕이 가득 든 큰 통을 꺼내셨다.

"이게 바로 꿈 사탕이랍니다. 이걸 일주일에 하나씩 먹다 보면 점점 꿈이 뚜렷해져요. 이 사탕도 그 할아버지께 받았어요. 할아버지는 옛날에 할머니와 함께 특별한 사탕 공장을 운영하셨는데, 할머니의 특별한 비법으로 꿈 사탕을 만드셨다고 해요. 이제는 할머니가 돌아가셔서 더는 만들 수 없다고 하는데, 마지막으로 남은 두 통을 선생님에게 카메라와 함께 주셨어요."

한 친구가 손을 번쩍 들고 선생님께 물어보았다.

"할아버지는 왜 선생님께 그걸 주셨어요?"

"선생님도 그게 궁금했어요. 그래서 할아버지께 이렇게 귀한 걸 왜 제게 주시느냐고 물었더니, 선생님이 마법의 카메라와 꿈 사탕을 유용한 데 쓸 수 있을 것 같다면서 꼭 많은 사람이 자기 꿈을 찾을 수 있게 도와주라고 말씀하셨어요. 마법의 카메라로 사진을 찍고 꿈 사탕을 먹은 조카는 이제 겨우 유치원생인데도 당당하게 자기 꿈에 대해 말하고 있어요."

"꿈 사탕은 어떤 맛이에요? 맛있어요?"

"궁금하죠? 맛을 설명하자면……, 꿈 사탕을 먹으면 마치 머릿속에 무지개가 펼쳐지는 것 같고 내가 가진 희망의 맛이 느껴져요. 꿈에 대한 희망이 강한 사람에게는 더 달콤하게 느껴지고 약한 사람은 조금 밍밍하게 느껴질 거예요."

다들 쥐 죽은 듯이 조용했다. 그런데 항상 말썽을 피우고 시끄럽기로 유명한 성완이가 갑자기 말을 꺼냈다. 다들 긴장한 채로 조용히 선생님의 이야기를 듣던 중이라 그런지 성완이 목소리가 더 크고 선명하게 들렸다.

"선생님, 아직도 저희를 어린애로 보세요? 유치원생도 그런 거짓말은 안 믿을걸요?"

성완이의 말에 순간 마음이 두근두근 긴장됐다. 성완이는 첫날부터 교실을 시끄럽게 만들 셈인가? 하지만 예상과 달리 선생님은 조용히 웃으셨다.

"성완이는 의심이 많구나. 믿을지 안 믿을지는 여러분이 스스로 결정할 일이에요. 선생님은 꿈 사탕을 선생님과 소중한 인연을 맺은 4학년 5반 친구들과 나누고 싶을 뿐이고요. 그리고 모두에게 마법의 카메라로 자신을 찍어 볼 기회를 주고 싶어요. 꿈 사탕은 선생님이랑 같이 먹고 싶은 사람이라면 누구에게나 줄 거예요."

선생님 말씀에 성완이는 금세 잠잠해졌다. 성완이도 나처럼 믿기진 않지만 궁금한 눈치였다.

"앞으로 매주 금요일에 꿈 수업을 할 거예요. 여러분은 선생님과 함께 '왜 꿈을 가져야 하는지', '어떻게 하면 꿈을 갖게 되는지'를 알아볼 거예요. 그리고 꿈 수업이 끝날 때마다 같이 꿈 사탕을 먹을 겁니다. 아마 수업이 진행될수록 꿈 사탕이 더 달콤해질 거예요. 선생님은 여러분이 꿈 수업을 통해 더는 장래 희망이나 꿈 때문에 고민하지 않았으면 좋겠어요."

'넌 장래 희망이 뭐니?', '커서 뭐 하고 싶니?' 항상 어렵게 느껴졌던 질문의 답을 드디어 찾는 건가? 괜히 가슴이 콩닥거렸다. 꿈 수업이 있는 금요일이 기다려졌다.

공책으로 만드는 내 꿈의 공장

내 친구 재민이는 활발하고 웃겨서 친구들에게 인기가 많다. 동규는 잘생겼고 공부도 아주 잘한다. 둘 다 내가 정말 좋아하는 친구다. 2학년 때 우리 셋은 한 반이었다. 키가 비슷해서 한 모둠에 앉으면서 처음 만났다. 셋 다 같은 동네에 산다는 걸 알게 된 후, 우리는 점점 더 친해졌다. 어머니들도 서로 친해지셨고, 작년부터는 셋이 영어 학원을 같이 다니며 삼총사의 우정을 과시하기도 했다. 3학년 때는 재민이와 동규만 같은 반이 되었다. 동규는 재민이랑 꼭 붙어 다니면서 흉내쟁이처럼 재민이를 흉내 냈는데 그런 모습을 보면 둘이서만 친하게 지내는 것 같아서 서운했다. 그래서 올해는 꼭 삼총사가 한 반에 모이게 해 달라고 기도했는데 내 기도가 이루어진 것이다!

그것 때문일까? 평소에는 엄마가 '이제 좀 일어나!'라고 호통쳐도 침대와 한 몸인 것처럼 이불 밖으로 나오지 않으려 했던 내가, 이상하게도 오늘은 이른 아침부터 눈을 번쩍 뜨고 일어났다. 게다가 벌써 금요일이었다. 선생님은 첫 꿈 수업의 준비물로 마음에 드는 공책 한 권을 가져오라고 하셨다.

"공책은 어떤 모양이든 어떤 색깔이든 다 좋아요. 중요한 건 여러분의 마음에 쏙 드는 공책이어야 한다는 거예요. 조금 비싸더라도 꼭 내가 마음을 줄 수 있는 공책으로 사 오세요. 부모님께는 선생님이 말씀드려 놓을게요."

나는 그냥 집에 있는 아무 공책이나 가져갈까 생각했으나 마음에 드는 공책을 가져오라고 말씀하신 선생님이 떠올라 엄마에게 용돈을 받아 등굣길에 문구점에 들렀다. 수많은 공책 중 내 눈에 들어온 것은 야구공이 그려진 공책이었다.

'오, 저거 마음에 든다.'

그 순간 문구점 문이 열리며 '딸랑' 종소리가 들렸다. 누군가 날 쳐다보는 게 느껴졌다. 내 짝꿍 은서였다. 은서는 필기도 잘하고 선생님 말씀도 잘 듣고 내가 지우개를 잃어버렸을 때 자기 걸 빌려주기도 했던 친절한 친구다.

"어? 태경아, 안녕. 너도 공책 사러 왔구나?"

"은서, 안녕."

은서는 주변을 휙휙 둘러보더니 주인아주머니께 가서 물었다.

"아주머니, 자물쇠 달린 공책 있나요?"

"응, 여기 있다. 마음에 드는 색깔로 하나 고르렴."

은서는 상큼한 청포도색의 공책을 골랐다.

"태경아, 너도 공책 골랐어?"

"응. 나는 이걸로 골랐어."

"우와, 멋있다. 야구공이랑 너랑 잘 어울려."

어쩐지 은서의 칭찬을 들으니 공책이 더 마음에 들었다.

우리는 공책을 계산하고 문구점을 나왔다.

"너는 마법의 카메라랑 꿈 사탕이 진짜 같아?"

"음, 아니. 하지만 궁금하긴 해. 은서 너는?"

"나도 그래. 가짜 같은데 선생님 말씀이 자꾸 생각나."

"너도 그랬구나. 어? 곧 종 치겠다. 어서 뛰자!"

매일 이렇게 은서와 함께 이야기하면서 등교하면 좋겠다는 생각이 들었다.

1교시 시작을 알리는 종이 울리고, 꿈 수업이 시작되었다.

"여러분, 오늘은 꿈 수업 첫날이죠? 수업을 시작하기 전에 선생님이 마법의 카메라로 여러분을 한 명씩 찍어 줄게요."

드디어 마법의 카메라로 사진을 찍을 시간이 되었다.

'난 지금 꿈이 없으니까 아무것도 안 나올까? 아, 창피해.'

"사진 꼭 찍어야 하나요?"

동규가 불만스러운 목소리로 물었다.

"찍고 싶지 않은 사람은 안 찍어도 돼요. 그리고 카메라로 찍은 사진을 바로 확인할 수는 없어요. 꿈 수업이 다 끝난 후에 사진을 볼 수 있답니다. 그러니 찍고 싶은 사람만 나오세요."

다섯 명을 빼고 모두 앞으로 나가 사진을 찍었다. 첫날부터 불만이 많았던 성완이를 포함해 내 친구 재민이, 동규 그리고 아직 친해지지 않은 두 명의 친구가 사진을 찍지 않았다. 나는 재민이와 동규도 사진을 안 찍겠다고 해서 깜짝 놀랐다.

'재민이랑 동규도 안 찍는데 나도 찍지 말까? 삼총사 중에서 나만 찍으면…….'

"다음, 태경이 앞으로 나오세요."

 찍을지 말지 고민하고 있는데 어느새 내 차례가 왔고, 선생님은 엉성하게 앞에 나가 서 있는 내게 카메라를 들이미셨다. 얼떨결에 사진을 찍긴 했지만 사실 사진이 어떻게 나올지 정말 궁금했다.

"자, 이제 본격적으로 꿈 수업을 시작해 볼까요? 다들 마음에 드는 공책 준비해 왔죠?"

학기 초부터 준비물 챙겨 오는 걸 깜빡해 혼나기는 싫었는지 모두 공책을 가져 왔다.

"좋아요. 역시 우리 5반 친구들은 꿈을 이룰 수 있는 멋진 학생들이에요."

선생님은 우리에게 라벨 스티커를 나누어 주셨다. 나는 '이태경 꿈 공책'이라고 적힌 스티커를 받았다.

"선생님이 나누어 준 스티커를 공책 표지에 붙여 주세요."

그러고 나서 선생님은 두꺼운 공책을 서랍에서 꺼내셨다. 공책 표지에 '이서윤의 꿈 공책'이라고 큼지막하게 적혀 있었다.

"여기에는 선생님의 꿈이 적혀 있어요. 선생님은 이미 교사라는 꿈을 이루었지만 그것 말고도 아직 많은 꿈을 가지고 있답니다. 그리고 매일 이렇게 꿈 공책에 적고 있어요. 자, 여러분이 마음을 담아서 준비한 공책이 여러분의 꿈 공장이 되어 열심히 꿈을 만들어 낼 거예요. 여러분이 꿈 공장에서 어떤 꿈을 만들지 기대가 되네요."

나는 선생님이 이미 어른이니까 꿈이 없을 줄 알았다. 그런데 아직도 많은 꿈을 가지고 계시다니! 문득 꿈이 내가 생각했던 것보다 거창하고 어렵지 않을 수도 있겠다는 생각이 들었다.

꿈 수업 1
나만의 꿈을 만들어 낼 꿈 공책을 골라 봐요!

◆ 꿈 수업의 필수 아이템 '꿈 공책'!

소중한 내 꿈을 차곡차곡 담을 공책이니 가장 마음에 드는 것을 골라 보세요.

그 공책은 어떤 모습인가요? 아래에 그림으로 그리거나 글로 표현해 보세요.

◆ 공책을 골랐다면 이제 공책을 나만의 꿈 공장으로 만들어 줄 시간이에요. 공책 표지에 두꺼운 네임펜으로 'OO(이)의 꿈 공책'이라고 예쁘게 적어 보세요. 이름을 적은 라벨 스티커를 붙여도 괜찮아요.

"여러분, 유명한 영화감독 스티븐 스필버그를 아나요? 스티븐 스필버그가 만든 영화를 본 적은 있을까요?"

"저요! 〈쥬라기 공원〉을 봤어요."

"맞아요. 스티븐 스필버그는 〈쥬라기 공원〉, 〈라이언 일병 구하기〉 같은 세계적으로 유명한 영화를 많이 만들었죠. 그런데 스티븐 스필버그는 몇 살 때부터 영화감독을 꿈꾸었을까요?"

"음, 서른 살이요?"

"아니에요. 스티븐 스필버그는 열두 살 때부터 영화인에게 주는 최고의 상인 아카데미상을 타서 수상 소감을 말하는 상황을 상상했다고 해요. 감사의 말을 적어서 마치 진짜 상을 탄 것처럼 혼자 말해 보기도 했고요. 시간이 지나 스티븐 스필버그는 정말로 세계적으로 유명한 영화감독이 되었죠. 미키 마우스를 만든 월트 디즈니도 스필버그와 마찬가지였어요."

흥미로운 이야기에 아이들은 홀린 듯이 집중하여 조용해졌다.

"어린 디즈니는 빨리 돈을 벌어서 애니메이션 회사를 차리고 싶어 했어요. 그래서 아홉 살 때부터 새벽 세 시에 일어나서 신문 배달을 했죠. 그 후로 어떤 어려움이 닥쳐도 애니메이션 회사를 차린다는 꿈을 포기하지 않았어요. 오히려 더욱 생생하게 꿈을 이룬 모습을 상상했죠. 그리고 디즈니는 〈백설 공주와 일곱 난쟁이〉, 〈미키 마우스〉 같은 훌륭한 애니메이션을 만들어서 성공했어요. 놀랍죠?"

선생님은 두 눈을 동그랗게 뜨고 물었다. 나도 모르게 고개가 절로 끄덕여졌다.

"하나 더 말해 줄게요. 손정의라는 사람이 있어요. '소프트뱅크'라는 회사를 차린 사람이고 세계적인 부자로 손꼽혀요. 손정의도 어릴 때부터 이미 쉰 살까지의 꿈을 정하고는 그 꿈을 하나하나 이루고 있지요. 이렇게 어릴 때부터 자기 꿈을 찾고 꼭 이뤄지리라 굳게 믿으면서 할 수 있는 것을 실천하다 보면 언젠가 반드시 이루어진답니다. 그러니까 우리는 꼭 꿈을 가져야 하고 그것을 반드시 생생하게 떠올려야 해요."

선생님은 꿈을 생각하지 않는 것은 밥을 먹지 않는 것과 같다고 했다. 우리는 선생님을 따라 구호를 크게 세 번 외쳤다.

"꿈은 밥이다! 꿈은 밥이다! 꿈은 밥이다!"

그리고 꿈 공책에 꿈의 주문을 써넣었다. 정성을 담아서 또박또박 썼다.

> 꿈을 찾고 간절하게 믿어라.
> 그 꿈이 이미 이루어진 것처럼 행동하라.
> 지금 내 상황과 상관없이 반드시 이루어진다!

꿈이 지금 내가 공부를 별로 못하는 것과 상관없다고? 매일 부모님께 수행 평가 성적이 낮다고 꾸중을 듣는 것도 꿈과 아무런 상관이 없고 단지 내가 꿈을 이루리라 간절하게 믿고 상상하면서 노력하기만 하면 이루어진다니 가슴이 두근거렸다.

수업이 끝날 때가 되자 선생님은 드디어 우리가 그토록 기다리고 기다리던 꿈 사탕을 나누어 주셨다.

"한 사람씩 순서대로 나와서 꿈 사탕 받아 가세요."

얼마나 맛보고 싶었는지 꿈 사탕이 들어 있는 통이 반짝반짝 빛나는 것처럼 보일 정도였다. 나는 조심스럽게 투명한 포장을 뜯고 꿈 사탕을 입안에 쏙 넣었다. 동글동글한 꿈 사탕은 보기보다 단단했다. 많이 달지는 않았다. 단단해서 깨 먹지는 못했지만 조금씩 녹여 먹는 맛이 썩 나쁘지 않았다.

꿈 사탕이 다 녹았을 때쯤 종이 쳤다. 뭔가 아쉬운 느낌이었다. 꿈 사탕의 은은한 달콤함이 여전히 입안에 감돌았다.

그때 재민이와 동규가 다가왔다.

"이태경, 너 설마 저 카메라와 사탕이 진짜 마법의 물건이라고 생각하는 건 아니지? 왜 유치하게 사진도 찍고 사탕도 받아먹었냐?"

"너희는 꿈 사탕 안 먹었어?"

"그딴 거 안 먹어. 나는 똑똑한 우리 삼총사 멤버가 어떻게 저런 엉터리 속임수에 빠졌는지 모르겠네."

재민이와 동규는 자기들끼리만 화장실로 갔다.

'그런가? 선생님이 우리를 속이고 있는데 내가 너무 허술하게 믿어 버린 건가?'

그렇게 생각한 순간 갑자기 사탕의 단맛이 눈 녹듯 사라졌다.

꿈 수업 2
나만의 꿈을 이루어 낸 사람을 찾아봐요!

◆ 디즈니나 스필버그처럼 자기 꿈을 이뤄 낸 사람의 이야기를 더 찾아보세요. 그리고 이야기에서 특히 흥미로웠던 점은 무엇인지 같이 적어 보세요.

◆ 태경이가 꿈 공책에 쓴 것처럼 여러분도 아래 문구를 공책에 정성껏 써 보세요. 꿈은 여러분이 믿는 만큼 가까워지니까요!

꿈을 찾고 간절하게 믿어라.

그 꿈이 이미 이루어진 것처럼 행동하라.

지금 내 상황과 상관없이 반드시 이루어진다!

주말엔 캐치볼

　꿈 수업을 마치고 집에 가니 여느 때처럼 엄마와 아빠는 아직 회사에서 돌아오시지 않았다. 아무도 없는 집에서 나를 기다리고 있는 것은 텔레비전 리모컨뿐이었다.

　텔레비전 채널을 이리저리 바꾸다가 멈추는 곳은 언제나 스포츠 채널이다. 특히 프로 야구 시즌에는 텔레비전에서 눈을 뗄 수가 없다. 몇 번인가 야구 경기를 보느라 영어 학원에 못 가서 엄마한테 된통 혼난 적도 있다.

　그때 휴대폰이 시끄럽게 울렸다. 내가 집에 잘 도착했는지 확인하려 엄마가 전화를 건 것이었다.

"태경아, 집에 왔어?"

"네."

"그래. 배고프면 엄마가 사다 놓은 빵 먹고. 영어 학원 시간 늦지 않게 나가는 거 잊지 마."

"알겠어요."

나는 텔레비전을 보느라 건성건성 대답했다. 전화를 끊자 마침내가 응원하는 기오 타이거즈의 경기가 시작했다.

"안녕하십니까. 여기는 도산 베어스와 기오 타이거즈의 경기가 진행되고 있는 잠실 경기장입니다. 오늘 경기는 정수빈 위원님과 함께하고 있습니다. 저는 캐스터 이태경입니다. 아, 말씀드리는 순간 최동일 선수의 배트가 시원하게 공을 때렸습니다! 간다, 간다, 간다, 간다, 넘어갑니다! 기오 타이거즈 홈런! 최동일 선수, 시즌 13호 홈런입니다! 경기 시작과 동시에 첫 타자부터 홈런을 칩니다. 대단하군요, 최동일 선수. 투수가 실수한 걸 놓치지 않고 멋진 홈런을 만들어 냈습니다."

나는 야구 경기를 볼 때 마치 경기를 중계하는 캐스터가 된 것처럼 흉내를 내곤 한다. 한참 시간 가는 줄 모르고 신나게 떠들면서 야구 경기를 보는데, 아뿔싸! 정신을 차리고 보니 학원 수업이 시작

되기 십 분 전이었다.

'큰일 났다. 집에서 학원까지 아무리 빨리 뛰어도 이십 분은 걸리는데. 엄마한테 혼나기 전에 얼른 가야겠다.'

나는 열심히 뛰어갔지만 예상한 대로 십 분 늦게 학원에 도착했다. 겨우 단어 시험을 볼 수는 있었지만 야구 경기를 보느라고 단어장을 못 봐서 결과는 꼴등이었다. 나중에 엄마가 뭐라고 할지 뻔했다. 상상만 해도 머리가 지끈거렸다.

그때 재민이와 동규가 다가왔다.

"야, 이태경. 네가 왜 단어 시험을 망친 줄 알아?"

"응?"

"담임 선생님이 하는 이상한 말을 그대로 믿고 사진까지 찍어서 그래. 그 바보 같은 기운이 너한테도 옮겨 간 거야."

"무슨 말이야. 그냥 학원 오기 전에 단어장을 못 봐서 그런 거야."

"우리 둘 생각은 그렇다고. 무슨 사탕을 먹는다고 꿈이 생기고 카메라로 찍는다고 미래가 보이냐? 그리고 꿈 수업? 그런 거 할 시간에 차라리 재미있는 동영상이나 보여 주면 좋겠어."

재민이가 퉁명스럽게 말했다.

"맞아. 아니면 학원 숙제나 하게 자유 시간을 주든가."

공부를 잘하는 동규도 한마디 거들었다.

"그러지 말고 너희도 같이 한번 해 보자, 응? 밑져야 본전이잖아. 궁금하기도 하고."

"넌 우리 말을 듣고도 계속 바보짓을 하겠다는 거야?"

"바보짓이 아니라 담임 선생님이 하라는 거잖아."

"흥, 선생님 때문에 우리 우정을 배신하겠다는 거지?"

"뭐? 그런 거 아니야!"

재민이와 동규는 내 말에 단단히 삐졌는지 내가 아니라고 했는데도 자기들끼리만 집에 가겠다며 먼저 교실을 나갔다. 학원 수업 끝나고 같이 자전거를 타기로 했는데도 말이다.

'재민이랑 동규가 잘 몰라서 그러는 거야. 곧 화가 풀리겠지.'

단어 시험도 망치고 삼총사끼리 싸우고 되는 일이 하나도 없는 금요일이었다. 내일부터 주말이니까 평소라면 신나게 집으로 돌아갔을 텐데 신나기는커녕 쓸쓸한 기분을 느끼며 혼자 터벅터벅 걸어서 집으로 갔다.

토요일이 되었다. 엄마는 주말이라 느지막이 일어나서는 빨래를 하셨다. 나도 텔레비전 채널을 이리저리 돌리며 게으름을 피우고 있었다. 전날 학원에서 다툰 게 마음에 걸려 삼총사 단톡방에 메시지를 보냈지만 재민이와 동규는 내 메시지를 읽고도 답이 없었다. 그 때문에 신경이 쓰여서 그런지 유난히 느릿느릿 가는 것 같은 시곗바늘을 보고 있는데 아빠가 하품을 늘어지게 하면서 일어나는 소리가 들렸다.

"아함~. 다들 좋은 아침."

주말이면 아빠는 겨울잠을 자는 곰처럼 밥도 안 먹고 점심때까지 잠만 잔다. 엄마가 아무리 잔소리를 해도 아빠는 베개로 귀를 막고 다시 잔다. 아마 '잔소리 와중에도 잠자기 대회'에 나가면 분명 1등을 할 거다. 어쨌든 아빠는 이렇게 잠을 충분히 자고 나면 기분이 좋아져서 어떤 부탁을 해도 잘 들어준다. 마침 날도 화창하고, 삼총사 일로 안 좋아진 기분도 바꿀 겸 내가 좋아하는 캐치볼을 하러 가자고 하면 좋을 것 같았다.

"안녕히 주무셨어요?"

"그래. 아주 푹 잤더니 좋구나."

"아빠, 오늘 날씨도 좋은데 캐치볼 어때요?"

"캐치볼? 그래. 아침 겸 점심 먹고 학교 운동장으로 갈까?"

"오예! 아빠 최고!"

"둘이서만 사이가 너무 좋은 거 아니야? 엄마도 같이 가자."
"그래. 오늘 우리 가족 캐치볼 단합 대회를 해 보자고."

부모님과 아침 겸 점심을 먹고 야구 글러브를 챙겨서 학교에 갔다. 눈부신 햇볕에 초록색 잔디가 반짝거렸다. 우리 가족은 모두 야구 모자를 썼다. 나는 글러브를 손에 끼고 야구 선수처럼 자세를 근사하게 잡았다.
"아빠, 잡아요!"
"옳지. 좋아."
아빠는 캐치볼을 정말 잘했다. 내가 공을 엉뚱한 데로 던져도 다 잡아 냈다. 엄마는 나를 응원해 줬다.
"태경이, 파이팅!"
우리 가족은 땀을 뻘뻘 흘리면서 캐치볼을 했고 시원한 슬러시를 한 잔씩 마시면서 집으로 돌아왔다. 정말 상쾌하고 좋았다. 마치 분홍색 솜사탕 같은 기분이었다.

은서가 좋은데 어떡하지?

월요일이 되었다. 재민이와 동규는 주말 내내 연락이 없었다.

'재민이 말대로 꿈 수업은 전부 가짜일까? 꿈 수업 때문에 우리 삼총사가 멀어지는 건 싫은데……. 작년에는 꿈이 없어서 선생님께 미움받고, 올해는 꿈을 가지려고 하니까 친구한테 미움받고, 고민이네.'

나는 심란한 마음으로 교실에 들어갔다. 그런데 자리에 앉자마자 짝꿍 은서가 눈을 반짝이며 말을 걸었다.

"태경아, 선생님이 저번 꿈 수업 시간에 꿈을 간절하게 믿으면 이루어진다고 했잖아. 너는 꿈이 있어?"

"아니. 나는 작년에 장래 희망이 없다고 했다가 담임 선생님께 엄청 혼났어. 사실 지금도 내 꿈이 뭔지 잘 모르겠고. 그래서 꿈 수업을 듣고 있는 거야."

"너도 그랬구나. 다음 시간에는 나한테 딱 맞는 꿈을 어떻게 찾는지 알려 주시겠지?"

"그랬으면 좋겠다. 물론 아직도 선생님께서 하신 말씀이 다 믿기지는 않지만."

"맞아, 나도 그래. 그러고 보니 태경이 너는 주말에 뭐 했어?"

"응, 엄마랑 아빠랑 학교 운동장에서 캐치볼도 하고 돌아오는 길에는 슬러시 사 먹었어. 정말 재미있었어. 너는?"

"캐치볼 재미있었겠다! 음……. 있지, 우리 아파트 현관에 음식물 쓰레기를 버리는 쓰레기통이 있는데 그 주변을 항상 어슬렁대는 고양이가 있어. 그 고양이가 안쓰러워서 내가 가끔 접시에 우유를 따라 두고 사료도 좀 두고 오거든."

나는 은서가 하는 이야기를 듣고 은서는 마음이 참 예쁜 아이라고 생각했다,

"그런데 토요일에 아빠랑 줄넘기를 하고 집에 들어가는데 고양이가 끙끙대는 소리가 들리는 거야. 이상해서 음식물 쓰레기통 옆

을 보니까 그 고양이가 등을 잔뜩 구부리고 괴로운 표정을 짓고 있더라고. 가까이 다가가도 도망가지도 못하고 말이야."

"그래서 어떻게 했어?"

"아빠랑 담요를 가져와서 고양이를 감싸안았어. 고양이가 아픈지 모기만 한 목소리로 끙끙대면서도 가만히 있더라고. 그래서 아빠랑 집 근처에 있는 동물병원에 데려갔어."

"어디가 아픈 거였니?"

"아마 음식물 쓰레기통 밖에 떨어진 생선을 먹었나 봐. 큰 생선 가시가 목에 걸렸더라고."

"진짜 아팠겠다."

"그러니까 말이야. 그래도 다행히 수의사 선생님이 금방 치료해 주니까 고양이도 점점 나아지는 것 같더라. 수의사 선생님이 동물병원에서 며칠 더 상태를 지켜보다가 주인을 찾아 주시겠대. 참 다행이야."

"그랬구나. 너 참 착하다. 그리고 동물을 진짜 좋아하는 것 같아."

"응, 맞아. 난 동물이 좋아."

우리는 점심시간까지 쉬는 시간마다 도란도란 이야기를 나누었고 점심도 같이 먹었다. 그래서일까? 어쩐지 은서가 점점 더 좋아졌다.

2장

내가 되고 싶고 하고 싶은 것, 꿈!

그래서 꿈이란 게 정확히 뭔데?

재민이와 동규는 계속 나를 피해 다녔다. 예전 같았으면 학원이 끝나고 집에 가서도 한참 메시지를 주고받았을 텐데, 이젠 내 문자를 읽고도 그냥 무시했다. 점심시간에는 '경찰과 도둑' 놀이에 나를 끼워 주지 않으려 했다. 나는 대체 왜 그러는지 물어보려고 했지만 둘 다 나랑 말도 섞지 않으려고 해서 물어볼 수도 없었다. 우리 삼총사가 같은 반이 되면 더 재미있게 지낼 수 있을 줄 알았는데 꿈 수업 때문에 사이가 멀어진 것 같았다. 그런 내 마음을 아는지 모르는지 어김없이 시간은 흘러 꿈 수업 듣는 날이 되었다.

"여러분은 꿈이 뭐라고 생각해요?"

"장래 희망이요."

똑똑한 민규가 안경을 손으로 쓱 올리며 대답했다.

"장래 희망도 꿈이 맞아요. 그런데 장래 희망만 꿈일까요?"

나는 선생님의 질문을 이해할 수 없었다. 은서도 그래 보였다. 아이들이 대답을 못 하고 우물쭈물하자 선생님이 다시 말했다.

"장래 희망만이 꿈의 전부는 아니에요. 꿈은 지금 또는 미래에 하고 싶은 일, 되고 싶은 모습, 갖고 싶은 것을 다 포함하는 거예요. 세환아. 세환이가 하고 싶은 일 중에 하나만 이야기해 볼까?"

"음······."

"갖고 싶은 것, 되고 싶은 모습, 해 보고 싶은 일 다 좋아. 편하게 이야기해 보렴."

"저는 미국에 가 보고 싶어요."

"그래, 좋아. 미국에 가는 것은 세환이의 꿈이야. 그럼 은서는?"

"저는 강아지를 키울 수 있는 마당이 있는 집에서 살고 싶어요."

"멋지구나. 짝꿍 태경이는?"

"저는 나무로 된 야구 배트를 갖고 싶어요."

"태경이가 야구를 좋아하지. 이번 주말에 부모님과 캐치볼을 했더구나."

선생님이 내가 캐치볼을 한 걸 알고 계신 건 내 일기장을 보셨기 때문인데도 괜히 내 마음을 알아주신 것 같아서 기분이 좋았다.

"재민이는 어떤 꿈이 있을까?"

"저는 딱히 없어요."

선생님은 꿈이 없다는 재민이의 말에 빙긋 웃으시더니 다시 말씀하셨다.

"아마 여러분은 아주 많은 꿈을 가지고 있을 거예요. 재민이처럼 꿈이 없다고 하는 사람도 가만히 생각해 보세요. 다른 친구가 꿈이 무엇인지 말하는 걸 듣다 보면 '어? 나도 이거 해 보고 싶다', '그거 가지고 싶다', '거기 가고 싶다' 하는 마음이 분명 생길 거예요. 자, 여기를 볼까요?"

선생님이 칠판에 '꿈의 요건'을 순서대로 적으셨다. 그러고는 성완이에게 물었다.

"성완이는 꿈이 뭐니?"

"매일 게임만 하는 거예요."

"자, 성완이의 꿈이 요건에 맞는지 살펴보자. 매일 게임만 하는 일은 생각만 해도 가슴이 설레고 기분이 좋니?"

"네!"

〈꿈의 요건〉

① 내 가슴을 설레게 하는 것.
② 하고 싶은 것, 갖고 싶은 것, 되고 싶은 것.
③ 내게 좋은 영향을 주는 것.
④ 다른 사람에게 좋은 영향을 주는 것.
⑤ 과연 이룰 수 있을까 하는 거
⑥ 생각만 해도 기분이 좋아지는 것.
⑦ 큰 것도 되고, 작은 것도 된다. ☺

"그래. 그럼 성완이가 매일 게임만 하면 성완이와 부모님께 어떤 영향이 있을까? 성완이가 어른이 되었을 때는 어떨지도 생각해 보자."

"재미있기는 하지만 엄마, 아빠는 싫어할 거예요. 성적이 떨어져서 가고 싶은 학교에 못 갈지도 모르고요. 게임만 하다가 취직이 힘들어지면 어떡하죠? 그럼 돈도 못 벌고 내가 하고 싶은 다른 것도 못할 거 같은데……."

"좋아하는 게임을 하면서도 엄마, 아빠가 싫어하지 않고, 가고 싶은 학교도 가고, 돈도 벌려면 어떻게 하면 좋을까?"

"글쎄요. 그게 가능할까요?"

"프로 게이머가 되어 경기에 나가 우승하면 되지 않을까?"

"아! 그렇네요."

"좋아. 그러면 '매일 게임만 하기'는 꿈이 될 수 없고 '프로게이머가 되어 경기에 나가 우승하기'는 꿈이 될 수 있는 거야. 여러분도 꿈이 어떤 건지 이제 알겠죠?"

나는 다른 아이들과 함께 열심히 고개를 끄덕였다. 선생님은 성완이에게 미소 지으며 말씀하셨다.

"성완이는 꿈을 이루려면 매일 연습을 해야 하니까 좋아하는 게임을 실컷 할 수 있을 거야."

"아, 그런데 매일 연습하듯 해야 하는 거면 게임도 좀 지겨울 것 같아요."

"그러면 프로 게이머가 되는 것을 성완이의 꿈으로 삼을지는 좀 더 고민해 봐야겠구나. 그렇지?"

"네, 선생님."

"선생님, 저는 세상에서 돈이 제일 많은 사람이 되고 싶어요. 그런데 이루기는 어려울 거 같거든요? 그래도 꿈이라고 할 수 있어요?"

선민이가 물었다.

"꿈의 요건을 볼까요? '과연 이룰 수 있을까 하는 것'이라고 되어 있죠. 과연 내가 이룰 수 있을지 없을지 정확히 알 수 없는 것도 여러분의 꿈이 될 수 있어요. 여러분이 고르는 그 어떤 것도 꿈의 요건에만 맞으면 여러분의 꿈이 될 수 있어요."

꿈이 고르는 것이라니? 무엇이든 내 꿈이 될 수 있다고? 의심스러우면서도 너무나 신이 났다.

"세계 최고의 부자인 워런 버핏은 어릴 때부터 자기는 세계 최고의 부자가 될 거라고 말하고 다녔어요. 여러분이 '나 오늘 떡볶이 먹을 거야'라고 말하는 것처럼 아무렇지 않게 매일 말했어요. 친구들은 네가 어떻게 세계 최고의 부자가 되겠냐며 워런 버핏을 비웃었어요. 하지만 워런 버핏이 어떻게 되었죠?"

"세계 최고의 부자가 되었어요!"

세환이가 큰 소리로 말했다.

"네. 워런 버핏은 정말로 세계 최고의 부자가 되었어요. 여러분, 꿈의 크기는 여러분의 마음가짐에 달려 있어요. '에이, 내가 어떻게 그런 꿈을 이루겠어? 말도 안 돼'라는 생각이 들어도 여러분의 꿈은 분명 이룰 수 있는 꿈이라는 것을 명심하세요."

꿈 수업 3
하고 싶고, 갖고 싶고, 되고 싶은 것, 꿈!

◆ 여러분은 무엇을 할 때 기분이 좋나요? 또 무엇을 갖고 싶어서 마음이 설레나요? 되고 싶은 모습이 뚜렷하게 떠오르기도 하나요? 여기에 모두 적어 보세요.

◆ 좋아하는 일이 꿈의 요건에 맞는지 살펴봅시다. 요건에 하나씩 맞춰 보고 통과한 것들은 꿈 목록에 적어 놓아요.

죽기 전에 꼭 하고 싶은 것

꿈이 무엇인지 배우고 나니 마음이 좀 가벼워졌다. 장래 희망만이 꿈은 아니었던 것이다. 나는 집에 와서 곰곰이 생각해 봤다.

'내 꿈은 무엇일까?'

부엌에서 물소리가 쏴쏴 들렸다. 아빠가 설거지하는 소리였다.

"태경아, 아빠가 부침개 맛있게 부쳤다. 나와서 먹으렴."

나는 고소한 냄새에 홀려 거실로 나갔다. 아빠는 빨간색 앞치마를 두르고 이마에 땀이 송골송골 맺힌 채로 뒤집개로 부침개를 접시에 담고 계셨다. 나는 식탁에 가서 앉았다.

"아빠, 아빠도 꿈이 있어요?"

"꿈?"

"네. 하고 싶은 거나 갖고 싶은 거, 되고 싶은 거면 다 꿈이래요."

"누가?"

"담임 선생님이요. 요즘 꿈 수업이란 걸 하고 있거든요. 선생님이 좀 신기해요. 꿈 사탕이랑 마법 카메라도 갖고 계셔요."

나는 꿈 수업에서 무엇을 배웠는지 아빠께 말씀드렸다. 아빠는 고개를 갸우뚱하셨지만 꿈을 갖는 일은 중요하다고 하셨다.

"태경이가 굉장히 멋진 선생님을 만났구나. 아빠가 어릴 때 그런 선생님을 만났다면 지금쯤 야구 선수가 되었을 수도 있겠는걸? 아빠 꿈이 야구 선수였거든. 4학년 때 포기했지만 혹시 그때 너희 담임 선생님 같은 분을 만났더라면 포기하지 않았을지도 모르겠구나. 우리 태경이도 멋진 꿈을 생각해 봐야겠네?"

"물론이죠! 그럼 아빠의 지금 꿈은 뭐예요? 저희 선생님은 어른인데 꿈이 있다고 했어요."

"아빠는 올가을에 과장으로 승진하는 게 꿈이란다. 참, 태경이네가 이루기 힘들 것 같아도 얼마든지 꿈이 될 수 있다고 했지? 아빠는 오십 평 아파트를 사서 방 하나를 서재로 꾸미는 게 꿈이야. 또 빨간색 스포츠카를 타고 다니는 게 꿈이란다."

스포츠카를 타고 머리를 휘날리는 아빠 모습을 상상하니 저절로 웃음이 나왔다. 그러면서도 아빠의 꿈이 굉장히 근사해 보였다.

"아빠, 최고예요!"

"우리 태경이 꿈은 뭐니?"

"방금까지 고민하고 있었어요. 다음 시간까지 자기 꿈이 뭔지 적어 오기로 했거든요. 우선 기오 타이거즈 선수들 사인을 전부 모으는 게 첫 번째 꿈이에요. 그리고 텔레비전에 출연하는 거랑 제가 좋아하는 애도 저를 좋아하는 게 제 꿈이에요."

뭐가 하고 싶은지 고민하다 보니 자연스럽게 떠오른 것들, 그러니까 '나만의 꿈'을 생각하니 기분이 좋아졌다.

'꿈이 뭔지 생각만 했을 뿐인데 기분이 이렇게나 좋아지네?'

선생님께 꿈의 요건이 뭔지 배우지 않았다면 이런 달콤한 기분을 맛보지 못했을 것이다. 나는 다음 꿈 수업 시간이 돌아올 때까지 내내 꿈 생각을 하며 들뜬 채 지냈다.

학교에 가니 다른 친구들도 모두 꿈을 생각하는지 기분이 좋아 보였다. 물론 성완이는 여전히 미심쩍은 표정을 짓고 있었지만 지난번에 선생님과 꿈 이야기를 나눈 뒤로는 어쩐지 눈빛이 조금 달라졌다. 하지만 재민이와 동규는 여전히 나를 따돌리고 자기들끼리만 놀면서 선생님은 거짓말쟁이라고 말하고 다녔다. 나 역시 아직은 굳게 믿으면 반드시 꿈을 이룰 수 있다는 선생님 말씀을 완전히 믿기는 어려웠지만 그래도 꿈 수업은 재미있었다.

어느새 시간이 흘러 또 꿈 수업 시간이 됐다. 모두 꿈 공책에 자기 꿈을 빼곡히 적어 왔다. 꿈이 없어 고민이던 나도 여덟 개나 적어 왔으니 말이다. 친구들은 서로 꿈 공책을 바꿔 보느라고 바빴다. 보여 주기 민망하다고 공책을 가리는 친구도 있었다.

"자, 조용. 꿈 수업 시작합니다."

"네!"

"선생님이 오늘 수업 주제를 칠판에 적어 뒀어요. 뭐라고 적혀 있나요?"

"버킷 리스트요."

"여러분, 버킷 리스트란 말 들어 본 적 있나요?"

몇몇 친구가 손을 번쩍 들었다. 나는 처음 들어 본 말이었다. 선생님은 〈버킷 리스트〉라는 제목의 외국 영화를 보여 줬다. 영화에는 암에 걸려서 살날이 얼마 남지 않은 두 할아버지가 나왔다. 두 사람은 죽기 전에 하고 싶은 일을 종이에 썼다. '장엄한 광경 보기',

'스카이다이빙 하기', '자동차 경주 참가' 등을 적었다. 선생님은 영화를 멈추고 우리에게 말했다.

"버킷 리스트가 무슨 뜻인지 영화 내용으로 추측해 볼까요?"

짝꿍 은서가 손을 번쩍 들었다.

"은서가 말해 봐요."

"죽기 전에 하고 싶은 일을 적은 것을 말하는 것 같아요."

"맞아요. 버킷 리스트는 죽기 전에 꼭 하고 싶은 일을 적은 목록이에요. 여러분은 죽음을 생각해 본 적이 있나요?"

나는 이제껏 죽음을 생각해 본 적이 없었다. 내가 죽는다고 상상만 해도 소름이 돋는 것 같았다. 선생님은 왜 갑자기 이런 이야기를 하셨을까?

"만약 여러분이 얼마 후에 죽는다고 하면, 죽기 전에 꼭 하고 싶은 일은 무엇인가요? 사실 버킷 리스트는 지난 시간에 선생님이 숙제로 내준 꿈 목록과도 관련이 있어요. 꿈 목록을 써 보니 어떤가요? 생각했던 것보다 꿈이 참 많았을 거예요. 그런데 그 모든 게 정말로 간절한 꿈일까요? 여러분이 영화 속 주인공처럼 살날이 얼마 남지 않았다고 상상해 보세요. 그런 후에 여러분이 쓴 꿈 목록을 다시 찬찬히 살펴보세요. 어떤가요? 수많은 꿈 중에서도 정말 꼭 이

루고 싶고, 간절히 바라는 것과 아닌 것이 구분되지 않나요?"

　선생님의 말씀을 듣고 내 꿈 목록을 다시 살펴보니 과연 정말로 중요한 것을 적지 않은 게 눈에 보였다. 부모님을 기쁘게 해 드리는 것과 은서에게 좋아한다고 고백하는 게 빠진 것이다!

　'이걸 못 하고 죽을 순 없어!'

나만의 버킷 리스트를 쓰다

다른 친구들도 나처럼 꿈 목록을 유심히 살펴보고 있었다. 은서도 진지한 표정으로 꿈 목록을 고쳐 적었다.

"자, 여러분. 그러면 죽기 전에 꼭 하고 싶은 일이 무엇인지 써 볼까요? 여러분만의 버킷 리스트를 만드는 거예요. 그리고 버킷 리스트가 곧 꿈이 될 수 있도록 리스트에 적은 것을 지난 시간에 알려 준 꿈의 요건과 맞춰 보세요."

'꿈 목록을 쓰는 것처럼 버킷 리스트를 써 보라는 말씀이시지? 만약 내가 곧 죽는다면…….'

나는 집에서 써 온 내 꿈 목록을 찬찬히 읽어 보았다.

기오 타이거즈 선수들 사인 모두 모으기
텔레비전 출연하기
일주일에 한 번씩 야구장 가기
미국 여행 가기
케이크 만들기
돈 많이 벌기
정글 모험 하기
멋진 야구 배트 열 개 갖기

신기하게도 내가 곧 죽을 거라고 생각하고 꿈 공책을 보자 새 꿈이 생겼다. 먼저 엄마와 아빠를 기쁘게 해 드리고 싶었다.

'아빠한테는 빨간 스포츠카를 선물하고, 엄마한테는 잘 어울리는 예쁜 옷을 선물해야지.'

아! 중요한 것이 또 있었다. 나는 내 버킷 리스트에 '재민이, 동규와 영원히 친구로 지내기'를 적었다.

'재민이, 동규랑 평생 삼총사 하고 싶어. 그나저나 걔네가 빨리 오해를 풀어야 할 텐데.'

두 친구 생각에 다시 마음이 무거워진 나는 은서를 바라봤다. 은서는 벌써 공책 한 페이지를 다 채우고 다음 페이지에 버킷 리스트를 이어 쓰고 있었다. 얼핏 보니 리스트에 '고양이 놀이터 만들기'도 있었다.

그때 뒤에서 세환이와 유민이가 티격태격하는 소리가 들렸다.

"세환아, 유민아, 왜 싸우고 그러니?"

"세환이가 자꾸 제 버킷 리스트를 보려고 해요."

유민이가 입을 삐죽거리며 말했다.

"세환아, 다들 버킷 리스트를 쓰고 나면 다 같이 돌려볼 거야. 그러니까 지금은 자기 걸 쓰는 데 집중하렴."

선생님은 세환이를 말리고 유민이를 달래셨다. 어느새 시간이 다 지났다. 선생님이 책상 위에 있는 종을 경쾌하게 쳤다.

"여러분, 다 썼어요?"

아직 다 못 쓴 친구도 있었고 진작 다 쓰고 짝꿍과 떠드는 친구도 있었다. 나는 집에서 써 온 꿈 목록에 버킷 리스트 여덟 가지를 추가했다. '엄마께 옷, 아빠께 빨간 스포츠카 선물하기', '스카이다이빙 하기', '마당 있는 집에서 강아지 기르기', '수영 배우기', '재민이, 동규와 영원히 친구로 지내기', '삼총사 다 같이 여행 가기', '삼총사 모두 꿈을 이루기' 그리고 마지막으로 '좋아하는 애한테 고백

나만의 버킷 리스트를 쓰다

하기'를 썼다. 다른 친구들은 버킷 리스트에 뭘 적었을까 궁금했다.

"여러분도 세환이처럼 친구가 무엇을 썼는지 궁금하지요? 모둠 친구들과 함께 버킷 리스트를 돌려보세요. 그리고 친구가 쓴 버킷 리스트를 보고 마음에 드는 게 있으면 내 꿈 공책에 옮겨 적어도 돼요. 그렇게 서로 꿈을 나눠 가지면 더 좋겠죠?."

나는 친구들의 버킷 리스트를 보고 '와, 이런 꿈도 있구나' 하고 감탄하며 놀라워했다. 선진이는 버킷 리스트에 '좋아하는 가수 직접 만나기', '세계여행 떠나기', '번지 점프 하기'를 적었다.

'세계여행? 멋지다. 나도 가고 싶은걸. 내 공책에도 적어 둬야겠다.'

다음은 은서의 버킷 리스트였다.

```
예쁜 원피스 백 개 사기
헬리콥터 사기
우주여행 가기
엄마 만나기
```

엄마 만나기? 은서는 엄마와 함께 사는 게 아니었나? 처음 알게 된 사실이었다. 하지만 은서에게 직접 물어볼 수는 없었다. 그렇게 친구들의 버킷 리스트를 재미있게 읽고 있는데 갑자기 민규가 선생님께 말했다.

"선생님, 재민이랑 동규는 버킷 리스트를 안 써요."

"응? 재민이, 동규, 왜 안 쓰니?"

"별로 하고 싶지 않아요."

선생님께서 둘을 타이르려고 하는 순간 갑자기 울음소리가 터져 나왔다.

"거기, 무슨 일이니?"

"성완이가 네가 어떻게 이런 꿈을 이룰 수 있냐면서 민지를 놀렸어요."

서연이가 우는 민지를 감싸 주며 선생님께 상황을 설명했다.

"여러분, 친구가 내 꿈을 보고 비웃으면 기분이 어떨까요? 선생님이 알려 준 꿈의 요건 중에 '과연'으로 시작하는 게 있었어요. 성완아, 뭐였지?"

"몰라요."

"공책 찾아보렴."

"'과연 이룰 수 있을까 하는 것'이요."

"그래. '과연 이룰 수 있을까 하는 것'도 다 꿈이 될 수 있다고 말했죠. 우리 반은 꿈 수업을 듣는 반인데 꿈을 가지고 서로 놀려서야 되겠어요? 우리 함께 꿈을 이야기하고 응원하는 친구가 됩시다."

 "알겠어요. 제가 잘못했어요……."

 성완이는 선생님의 말씀에 기죽은 채로 대답했다. 나도 사실 뜨끔했다. 은서의 버킷 리스트에서 '우주여행 가기'를 보고 말도 안 된다고 생각했기 때문이다.

선생님은 집에 가서 꿈 목록과 버킷 리스트를 책상 위에 꼭 붙여 놓으라고 하셨다.

"선생님, 그런데 정말 버킷 리스트를 쓰면 꿈이 이루어지나요?"

내가 선생님께 묻고 싶었던 것을 선진이가 물었다.

"선진이는 버킷 리스트를 쓰니 기분이 어때요?"

"기분이 굉장히 좋아요. 전부 이루어질 거라고 상상하면 신이 나고요. 그런데 이렇게 적어 놓는 것만으로 꿈이 이루어지면 왜 사람들이 꿈을 못 이루기도 하는 거예요?"

선진이의 물음에 선생님이 말씀하셨다.

"여러분은 꿈 수업을 하기 전에 내 꿈이 무엇인지 구체적으로 생각해 본 적 있나요? 꿈을 구체적으로 상상하고 꼭 이룰 수 있다고 믿으면서 내가 할 수 있는 일에 집중하다 보면 반드시 이루어진다고 했죠. 사실 많은 사람이 꿈이 있다고 말하면서도 자기 꿈을 구체적으로 생각해 보고 그걸 위해 꾸준히 실천하지는 않아요. 여러분은 지금 꿈을 이루는 첫발을 내디딘 거고요."

아이들은 선생님의 이야기에 귀를 기울였다.

"또 꿈이 이루어지는 데는 시간이 걸려요. '정말 이루어질까?'라고 의심하며 꾸준함을 놓치면 꿈이 이루어지기까지 시간이 더 오래 걸리겠죠. 그러니 여러분은 꿈이 꼭 이루어지리라 믿고 당장 내가 할 수 있는 일에 열중하면 돼요. 그러다 보면 어느새 꿈과 부쩍 가까워진 내 모습을 발견할 수 있을 거예요."

선생님은 우리가 의심하는 걸 꿰뚫어 본 것처럼 말씀하셨다.

나는 이루어지지도 않을 꿈 때문에 재민이, 동규와 멀어지는 건 아닐까 걱정했는데, 선생님의 말씀을 듣고 '꿈이 정말로 이루어진다면 두 친구와도 곧 화해할 수 있겠지?'라고 생각했다. 마음이 한결 가벼워졌다.

꿈 수업이 끝나고 화장실을 가는데 재민이와 동규가 복도에서 선생님과 이야기를 나누고 있었다. 나는 두 친구를 쳐다봤다. 재민이와 눈이 마주쳤는데 재민이가 화난 표정으로 나를 째려봤다.

'무슨 이야기를 하는 걸까?'

나는 재민이와 동규가 걱정됐다.

꿈 수업 4
나만의 버킷 리스트 만들기

◆ 여러분이 곧 죽을지도 모른다고 가정했을 때, '죽기 전에 이 일만은 꼭 해야겠다' 하는 것이 있나요? 제일 간절한 것부터 차례대로 적어 보세요. 그런 후에 그것들을 꿈의 요건에 맞춰 보세요.

장래 희망 찾기 프로젝트 1

"여러분, 지난 시간에는 버킷 리스트를 적었어요. 이번 시간에는 직업과 장래 희망을 생각해 볼 거예요. 우선 여러분이 직업을 얼마나 많이 알고 있는지 알아보죠!"

선생님 앞에는 큰 도화지 여섯 장이 있었다. 도화지 위에는 '내가 알고 있는 직업 모두 쓰기'라고 적혀 있었다.

"모둠별로 적는 거예요. 직업을 가장 많이 적은 모둠은 상장 스티커를 하나씩 받을 거고요. 십 분 동안 적어 볼까요?"

선생님이 시작을 외치자 우리는 각자 연필을 들고 정신없이 도화지에 직업을 적었다. 같은 모둠이 된 동규는 못마땅한 표정으로 나에게 소리를 질렀다.

"이태경! 네가 쓴 거 나랑 겹치잖아."

"다 쓰고 겹친 거 빼면 돼. 얼른 네 거나 써!"

나는 동규가 모처럼 꿈 수업에 참여해서 기쁘기도 했고, 시간이 얼마 남지 않아 초조해져선 괜히 소리를 크게 질렀다.

"땡! 시간이 다 됐습니다! 어디 볼까요? 1번 모둠부터 직업을 몇 개 썼는지 말해 주세요."

"열세 개요."

"2번 모둠은?"

"열한 개요."

그렇게 6번 모둠까지 개수를 말했는데, 3번 모둠이 스물두 개를 써서 1등을 했다.

"3번 모둠이 쓴 직업을 볼까?"

3번 모둠은 연예인, 변호사, 디자이너, 화가, 스튜어디스, 야구 선수, 축구 선수, 농구 선수, 작가, 선생님, 의사, 간호사, 경찰, 과학자, 약사, 파일럿, 소방관 등 다양한 직업을 적었다.

'운동선수를 저렇게 종목별로 나눠서 쓰다니!'

선생님은 빙긋 웃으며 우리에게 물었다.

"여러분 우리나라에는 직업이 몇 개나 있을까요?"

"백 개요!"

"아니요. 더 많아요."

"오백 개요?"

"이천 개요?"

"땡! 우리나라에는 약 만 육천팔백 개의 직업이 있어요."

우리는 어마어마한 숫자에 모두 깜짝 놀랐다.

"그런데 우리 반 친구들은 직업을 몇 개 못 썼죠. 자, 선생님이 며칠 전에 찍어 온 동영상을 보여 줄게요."

선생님은 모니터 옆에 서서 화면을 가리키며 설명해 주셨다.

"여기는 방송국이에요. 얼마 전에 선생님은 TV 프로그램에 게스트로 초대받아 방송국에 다녀왔어요."

"우와, 나도 방송국 가고 싶다."

"재밌었겠죠? 그런데 방송국에서 만날 수 있는 직업으로는 어떤 것이 있을까요?"

"PD요! 우리 삼촌이 PD거든요."

"아나운서요. 저도 커서 아나운서가 되고 싶어요."

"연예인이요!"

"맞아요. 또 방송 작가들도 있고 카메라 감독, 조명 감독, 음향 감독, 배우, 기자, 메이크업 아티스트 등이 있죠."

선생님은 이번엔 다른 사진을 보여 주셨다.

"자, 여긴 어디죠?"

"공항이요!"

"맞아요. 공항에서는 어떤 직업을 찾을 수 있을까요? 모둠 친구들과 토의하고 공책에 적어 보세요."

동규가 잽싸게 말했다.

"공항에는 비행기 티켓 확인하는 사람이 있어."

"맞아. 그리고 비행기가 안전하게 잘 착륙하고 이륙하는지 보는 사람도 있어."

"비행기 고치는 정비사도 있어."

"파일럿! 정말 멋지지. 내 꿈이야."

"승무원도 있지."

"공항에 있는 면세점에서 물건을 파는 사람들도 있잖아."

"맞아."

이야기를 나누다 보니 공책 한 페이지 가득 직업이 채워졌다. 선생님은 꿈 수업 시간이 다 끝나 간다면서 숙제를 내 주셨다.

"오늘 방송국과 공항에 어떤 직업이 있는지 알아봤어요. 똑같은 방식으로 어느 곳에 갔을 때마다 거기엔 어떤 직업이 있는지 생각

해 보는 거예요. 그리고 집에 와서 검색해서 확인하는 게 첫 번째 숙제예요. 두 번째 숙제는 TV 프로그램이나 영화 같은 것을 보고

그 속에 나온 직업 적어 두기! 세 번째 숙제는 진로에 관련된 책 한 권 읽기! 이게 앞으로 여러분이 한 달간 하게 될 '장래 희망 찾기

장래 희망 찾기 프로젝트 1

프로젝트'입니다. 어떤 직업이 있는지 알아 가다 보면 그중에서 여러분이 하고 싶은 일을 찾을 수 있을 거예요. 그리고 꿈 사탕은 여러분을 계속 도와줄 거고요. 프로젝트를 잘 수행할 수 있나요?"

"네!"

한 달 동안 하는 숙제라니 마음이 무겁기도 했지만 멋져 보이기도 했다. 아빠가 회사에서 한다는 '프로젝트'를 내가 한다니 말이다. 게다가 프로젝트가 끝나면 내 장래 희망을 찾을 수 있을 테니 장래 희망 고민도 이제 끝! 아니, 이제 곧 끝!

'더는 장래 희망이 뭐냐는 질문 때문에 힘들어하고 싶지 않아……. 오늘은 동규도 재미있게 직업 찾기 게임을 했는걸. 곧 재민이도 꿈 수업 열심히 하게 될 거야.'

꿈 수업 5
우리 주변에 이렇게 많은 직업이? 1

◆ 내가 알고 있는 직업을 모두 써 보세요. 몇 가지 직업을 알고 있나요?

◆ 평소에 자주 가는 장소를 떠올려 보세요. 거기서 찾을 수 있는 직업으로는 어떤 게 있을까요? 생각나는 직업을 모두 적어 봅시다.

장소:

직업:

장소:

직업:

장래 희망 찾기 프로젝트 2

"엄마, 우리 오늘 동물원 가면 안 돼요?."

"동물원? 아빠 일해야 해서 바쁠 텐데."

"저 프로젝트 중이란 말이에요."

"무슨 프로젝트?"

"장래 희망 찾기 프로젝트요."

"작년에 장래 희망 써서 냈잖아. 뭐라고 썼지?"

"공무원이요."

"근데 너 공무원이 뭐 하는 직업인지는 아니?"

"아니요."

"아휴, 그래. 그 프로젝트 하긴 해야겠다. 어떻게 하는 건데?"

"다양한 장소에 가서 거기에 있는 직업을 조사하는 거예요."

"공부할 시간도 모자란데 그런 걸 언제 한다니? 너 영어 학원 성적표 왔더라. 지난달 단어 시험 점수가 아주 엉망이던데?"

"아이, 엄마."

"먼저 공부부터 하고 가. 오늘은 우리 집 써. 아빠는 엔지니어, 엄마는 보석 디자이너. 주부라고도 쓰고."

"엄마, 진짜 중요한 숙제란 말이에요."

"담임 선생님이랑 이야기 좀 해야겠다. 부모들 바쁜 거 뻔히 알면서 이런 숙제를 냈단 말이야? 그리고 장래 희망이야 이것저것 생각해 보고 자라면서 바뀌는 거지. 그 시간에 영어 단어라도 외워."

엄마의 짜증스러운 표정에 나는 아무 말도 하지 못했다. 아무래도 아빠한테 물어봐야 할 것 같았다.

"아빠."

"그래. 태경아. 왜?"

아빠는 컴퓨터 앞에 앉아서 뭔가 열심히 하고 있었다.

"저기, 오늘 중요한 숙제를 해야 하는데요. 동물원에 가서 하는 숙제예요."

"동물원? 꼭 가야 하니? 대충 인터넷에서 찾아서 하면 안 될까? 아빠가 이번 주에 꼭 마무리할 일이 있어서 바쁜데 말이야."

"지난번에 얘기한 꿈 수업 숙제란 말이에요. 직업을 직접 조사해 보는 거예요."

아빠에게는 이야기한 적이 있으니 분명히 이해해 주실 것 같았다.

"저 꼭 동물원에 가서 진지하게 직업을 찾아보고 싶어요."

아빠는 머리를 긁적이며 잠시 고민하더니 한숨을 길게 내쉬고는 내게 말했다.

"알았다, 알았어. 동물원에는 어떤 직업이 있는지 한번 직접 가서 찾아보고 오자."

역시 아빠와 마음이 통했다. 사실 나는 동물원에 별 관심이 없었다. 하지만 동물을 좋아하는 은서를 위해서 엄마와 아빠를 졸랐다. 동물원에는 여러 번 갔지만 어떤 직업이 있는지 생각해 본 적은 없었다. 숙제도 하고 은서에게 도움도 줄 수 있으니 나에게는 동물원에 가는 것이 일석이조!

다행히 아빠가 엄마를 설득해서 엄마도 동물원에 가는 것을 허락했다. 우리 가족은 순식간에 피크닉 준비를 마쳤다. 맛있는 주먹밥도 만들었다.

주말이라 그런지 입구부터 사람이 많았다. 나는 동물원에서는 사람들이 무슨 일을 하고 있는지 여기저기 두리번거리며 살폈다. 그때 원숭이에게 먹이를 주고 있는 사육사 아저씨를 발견했다. 나는 사육사 아저씨의 사진을 찍었다.

"엄마, 동물이 아플 때는 어떻게 해요?"

"동물을 돌보는 수의사가 치료해 주지."

"그럼 밥은 누가 챙겨 줘요?"

"영양사가 동물에게 꼭 필요한 영양소를 연구해 밥을 준단다."

공부나 하라던 엄마도 막상 동물원에 오니 기분이 무척 좋은 것 같았다.

"아빠, 공작새 정말 예쁘죠?"

"그러게."

"여보, 동물원이 꼭 공원처럼 꾸며져 있네."

"그러게. 동물원에도 조경사들이 있나 봐."

"아빠, 조경사라는 직업도 있어요?"

"그럼. 식물을 배치해서 공간을 아름답게 꾸며 주는 직업이야."

동물원에 와서 사육사, 수의사, 동물 영양사, 조경사를 찾고 나니 새삼 세상에는 참 다양한 종류의 직업이 있다는 걸 깨달았다.

그렇게 동물원을 한참 둘러봤더니 슬슬 배가 고팠다.

"우리 여기에 돗자리 펴고 앉아요."

"그럴까?"

우리는 나무 그늘에 돗자리를 펴고 앉아 엄마가 한껏 솜씨를 발휘한 주먹밥을 먹었다.

집으로 돌아오는 길에는 휴대폰으로 동물원에서 찾아볼 수 있는 직업을 검색해 보았다. 동물들이 각자의 습성에 맞게 살 수 있도록 환경을 만들어 주는 동물원 큐레이터와 죽은 동물을 살아 있을 때와 같은 모양으로 만들어 주는 박제사 등을 더 찾을 수 있었다.

숙제를 열심히 하니 뿌듯했다. 한껏 기지개를 펴고 방에서 나와 보니 아빠는 다음 주에 있을 승진 시험을 준비하고 있었고 엄마는 디자인 작업을 하고 있었다. 아빠와 엄마의 직업도 참 멋졌다. 가끔은 일하느라 바쁜 게 서운할 때도 있지만 두 분 다 열심히 일하는 모습을 보면 멋있게 느껴졌다.

나는 텔레비전을 켜고 스포츠 채널을 틀었다. 그러고 보니 야구 선수와 캐스터, 해설 위원은 물론이고 분석 기사를 쓰는 스포츠 기자와 경기를 화면에 담는 카메라 감독, 다친 선수를 치료해 주는 의사, 아픈 선수가 다시 운동할 수 있게 돕는 재활 치료사, 열심히 선수를 응원하는 응원단까지, 내가 매일같이 보는 야구 경기 속에도 참 많은 직업이 있었다.

야구는 내가 워낙 좋아하는 것이어서 동물원에서보다 더 많은 직업을 찾을 수 있었다. 매일 야구 관련 기사를 찾아 읽은 것도 도움이 되었다. 그런데 경기를 보다 보니 문득 경기를 중계하는 캐스터가 참 멋진 직업이라는 생각이 들었다. 생각해 보면 난 야구를 하는 것보다 경기를 보는 것을 더 좋아했다. 그리고 직접 경기를 뛰기보다는 경기장 밖에서 경기가 어떻게 흘러갈지 예측하고 분석하는 것이 더 재미있었다.

'커서 야구 캐스터가 될까?'라는 생각을 하며 경기를 마저 보는데 등 뒤에서 아빠 목소리가 들렸다.

"태경아, 늦었다. 이제 자야지."

텔레비전을 끄고 방에 들어가 침대에 누우면서도 가슴이 계속 두근거렸다. 나도 내 꿈을 찾은 걸까?

장래 희망 찾기 프로젝트는 생각한 것보다 훨씬 재미있었다. 내일은 학원과 학교에서 직업을 찾아봐야겠다고 생각하며 잠들었다.

꿈 수업 6
우리 주변에 이렇게 많은 직업이? 2

◆ 이전 수업 때 찾은 직업들 중에서 내 마음에 드는 직업을 골라 보세요. 여러 개를 골라도 괜찮아요. 그리고 그 직업을 갖기 위해선 무엇을 배우고 어떤 능력을 갖춰야 하는지 조사해 적어 보세요.

◆ 직업 :

◆ 무엇을 배워야 할까? :

◆ 어떤 능력이 필요할까? :

삼총사는 오늘로 끝이야!

학교에 가니 은서가 일찍부터 와 있었다.

"태경아, 프로젝트는 잘돼 가고 있어?"

"응. 직업을 많이 찾았어."

"요즘 네 표정이 안 좋아 보여서 장래 희망 찾기 프로젝트 때문에 고민 중인 줄 알았어."

"내가? 아니야."

"요즘 재민이랑 동규랑도 안 노는 거 같던데. 서로 싸우기라도 한 거야?"

"싸운 건 아니야."

"걔네는 꿈 수업 시간마다 아무것도 안 하고 앉아 있기만 하잖아. 그건 왜 그런 거야?"

"으응. 글쎄, 모르겠어."

은서의 질문에 마땅히 할 말이 없었다. 다행히 은서가 더는 묻지 않고 다른 이야기를 꺼냈다.

"처음에 선생님이 프로젝트를 숙제로 주셨을 때는 귀찮을 것 같았는데 몰랐던 직업을 알아 가니 재미있더라."

"그렇지? 은서 넌 숙제하면서 장래 희망 찾았어?"

"아직 생각해 보고 있어."

"너 동물 좋아하지?"

"응."

"토요일에 동물원에 가서 직업을 조사하는데 네 생각이 많이 났어."

"우와, 동물원 갔구나! 좋았겠다."

"응. 여러 직업을 찾았는데 그중에 동물원 큐레이터라는 직업도 있더라고."

"그건 뭐야?"

"여러 동물을 어떻게 더 편하게 지내게 할지 고민하고 동물에 맞춰 어떻게 동물원을 꾸밀지 계획하는 직업이야. 침팬지 집에 나무 구조물을 설치하고 먹이를 숨겨서 침팬지가 좋아하는 환경으로 만들거나 그런 일을 한대. 은서 네가 좋아할 것 같아."

"그런 직업도 있구나. 멋지다! 나는 지난번 고양이 일 때문에 수의사 쪽으로 생각하고 있었는데 동물원 큐레이터도 생각해 봐야겠어. 고마워."

"아니야."

"태경이 너는?"

"야구 캐스터 쪽으로 마음이 기울고 있어. 내가 워낙 야구를 좋아해서."

"캐스터? 멋지다."

나는 은서의 말에 기분이 좋아졌다. 은서와 재미있게 이야기를 하고 있는데 재민이와 동규가 할 말이 있다고 나를 교실 밖으로 불러냈다.

'오늘은 우리 삼총사가 오해를 풀고 화해하면 좋겠다.'

그동안 동규와 재민이가 나를 피하는 것 같아서 너무 슬펐다. 화가 난 게 있냐고 물어도 없다고 말하고는 나를 빼고 둘이서만 놀아서 속도 상했다.

"야, 이태경."

재민이가 짜증 섞인 목소리로 나를 불렀다.

"응?"

"너 둘 중에 하나 골라. 우리 우정이야 아니면 선생님의 말도 안 되는 꿈 이야기야!"

"재민아, 우리 2학년 때부터 삼총사로 친하게 지냈잖아……. 갑자기 왜 이러는 거야."

"그런 녀석이 나랑 동규가 사진을 안 찍는데 너만 나가서 찍냐? 선생님한테 잘 보이겠다고 우리가 혼이 나는데도 그렇게 열심히 숙제하면서 꿈 수업을 들었단 말이지? 분명 경고했다. 둘 중 하나만 고르라고. 안 그러면 넌 배신자야!"

"너희가 오해한 거야. 그리고 뭐가 배신이야. 난 한 번도 너희 배신한 적 없어."

"배신자는 삼총사로 함께할 수 없어."

"얘들아, 나는 그냥 선생님 이야기가 재미있어서 꿈 수업을 듣는 거야. 기왕 하는 거 너희도 같이 재밌게 하면 좋잖아."

"그래 봤자 결국 꿈은 공부만 열심히 하면 이루어지는 거야. 지금 아무리 나만의 꿈을 찾는다고 요란을 떨어도 아무 소용 없다고.

선생님은 우리를 속이고 있는 거야. 생각만 해도 이루어지면 뭐든 다 이루어지겠다!"

동규가 한껏 비웃으며 말했다.

"그런 얼토당토않은 꿈 이야기는 우리 똑똑한 삼총사와 맞지 않아. 태경이 넌 이제 삼총사에서 아웃이야! 네가 삼총사에 다시 끼고 싶다면 그딴 수업 듣지 마."

재민이와 동규는 그렇게 말하고는 교실로 들어가 버렸다. 나는 순간 눈물이 나오려고 했다.

삼총사에서 아웃이라고 말한 재민이의 목소리가 귓가에 윙윙 울리고 있었다.

'어떻게 해야 하지?'

나는 수업을 포기하고 다시 삼총사에 들어가야 하나 고민했다.

재민이와 동규는 수업 시간 내내 뾰로통한 표정으로 아무것도 하지 않고 자리에 앉아 있기만 했다. 나는 아직 재민이랑 동규와 친하게 지내고 싶었다.

"태경아, 선생님이 위인전도 찾아서 읽어 보라고 하셨잖아. 우리 아빠가 스타벅스라는 커피 전문점에서 커피를 자주 마시거든. 이건 그 카페 경영자인 하워드 슐츠라는 사람에 대한 책인데 너무 좋아서 너 빌려주려고 가져왔어."

"으응."

삼총사 생각에 은서의 말이 하나도 귀에 들어오지 않았다.

하루 만에 재결합한 삼총사

 나는 며칠 동안 고민했다. 세상에 마법 같은 것은 없다. 상상하고 실천한다고 꿈을 이루는 건 아무리 생각해도 거짓말 같다. 그러니 거짓말 때문에 친구를 잃을 수는 없다. 고민을 이어 갈수록 생각이 한 방향으로 뻗어 나갔다.

 '그래. 우리 반 아이들은 지금 선생님에게 속고 있는 거야. 동규처럼 똑똑한 애도 거짓말이라고 하잖아. 난 삼총사를 버릴 수 없어. 나는 동규랑 재민이가 더 중요해.'

 재민이와 동규는 교실 뒤에서 친구들과 재미있게 놀고 있었다. 내가 다가가자 재민이는 나를 끼워 주지 않으려는 듯 고개를 휙 돌리고 친구들과 다른 데로 가려고 했다.

"재민아, 동규야. 나 너희한테 할 말 있어."

"흥, 뭔데?"

"복도로 나와."

나는 재민이와 동규에게 꿈 수업을 안 듣기로 했다고 말했다.

"잘했어. 나는 태경이 네가 우리를 선택할 줄 알았어."

나는 오랜만에 둘과 함께 신나게 놀았다.

장래 희망 찾기 프로젝트도 막바지에 다다랐다. 어느새 한 달간의 길었던 숙제가 끝나는 날이 다가온 것이다.

"여러분, 한 달 동안 숙제 열심히 하느라 수고했어요. 그동안 여러분을 지켜보니 서로 책을 빌려주면서 바꿔 읽는 모습이 좋아 보였어요. 친구끼리는 서로 꿈을 응원해 줘야 한답니다. 직업에 대해서도 많이 알게 되었죠? 오늘은 그걸 토대로 꿈 명함을 만들어 볼 거예요."

'명함? 어른들만 가지고 있는 걸 우리도 만든다고?'

선생님은 명함을 몇 개 보여 줬다.

"이 명함은 선생님의 작년 제자들이 만든 거예요. 꿈 수업 마지막 시간에 다 같이 꿈 파티를 할 건데 그때 초대한 사람들과 자기 명함을 주고받으면서 자기소개를 할 때 쓸 거랍니다. 명함에 적힌 게 내 미래의 모습이 될 수도 있겠죠? 그러니 다들 신중하게 만들어야 합니다."

'선생님이 또 거짓말을……. 저런 말도 안 되는 소리에 넘어가서 친구를 잃을 뻔하다니.'

나는 재민이와 동규 말이 옳다고 되뇌며 꿈 명함을 만들지 않기로 했다. 내 마음이야 어쨌건 간에 선생님은 친절히 명함 만드는 방법을 알려 주셨다.

두꺼운 색종이를 명함 크기로 잘라서 직업, 이름, 미래에 내가 사는 곳의 주소, 전화번호를 쓰고 예쁘게 꾸미면 명함이 완성되는 거라고 하셨다. 명함이 다 만들어지면 코팅도 할 거라고 하셨다. 친구들은 명함에 무엇을 쓸지 고민했다. 나는 괜스레 궁금해져 선배들이 만든 명함을 유심히 살펴보았다.

'어라? 이건 같은 학원 다니는 다희 누나 명함이잖아.'

독자들을 기쁘게도,
눈물을 흘리게도 하는
책을 씁니다.

세계 최고의 작가
김다희

010-xxxx-xxxx
바닷가 앞, 강아지가 뛰어다니는 마당이 있는 집

'작가가 꿈이었구나. 그런데 작가는 아무나 하나?'

나는 심술궂은 마음으로 누나의 꿈을 무시했다.

케이크 가게가 늘 손님으로
북적입니다.
SNS에도 유명 빵집으로
소개되었습니다.

세상에서 제일 맛있는
케이크를 굽는 파티시에
최하윤

010-xxxx-xxxx
서울 강남 오십 평 아파트

'헹, 꿈도 크셔. 오십 평 아파트에서 살겠대.'

한번 터진 심술보는 막을 수 없었다.

팬이 가장 많은 개그맨이자
제일 웃긴 개그맨.
누구든 순식간에 웃게 만듭니다.

세상에서 제일 웃긴 개그맨
이주원

010-xxxx-xxxx
노란색 페인트가 칠해진 멋진 집

주원이 형은 앞 동에 사는 형인데 정말 웃기기로 유명했다.

'역시 개그맨이 꿈이었구나. 그래도 개그맨은 아무나 되나?'

"태경아, 너는 명함 안 만들어?"

"응. 뭐 명함 만든다고 거기 적힌 대로 되는 것도 아니고 안 만든다고 선생님께 혼나는 것도 아닌데 만들 필요 없는 것 같아."

"응? 얼마 전까지만 해도 야구 캐스터가 되겠다고 했잖아."

"캐스터라는 장래 희망을 갖게 된 걸로 만족할래. 그 이상으로 선생님의 말도 안 되는 엉터리 수업에 빠져들지 않으려고."

은서에게 이렇게 말하고 나니 어쩐지 내가 똑똑해진 것 같기도 했고 한편으로는 은서와 재밌게 꿈 수업을 들은 기억이 떠올라 약간 슬프기도 했다.

꿈 수업 7
나만의 꿈 명함 만들기

◆ 어른이 된 나의 모습, 상상해 보았나요? 직업, 집, 취미 생활 등 내가 바라는 미래의 내 모습을 설명하는 꿈 명함을 직접 그려 봐요.

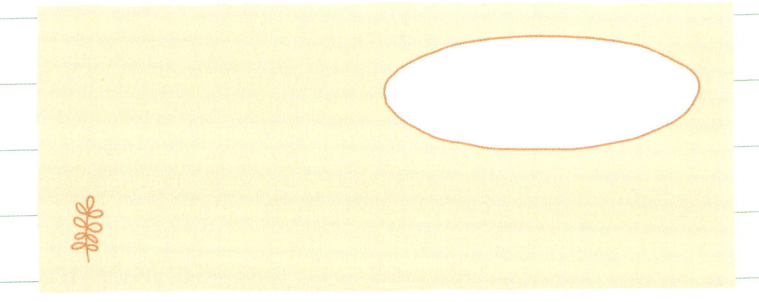

◆ 꿈은 여러 개이기도 하고 바뀌기도 해요. 새 꿈 명함을 만들어 보세요.

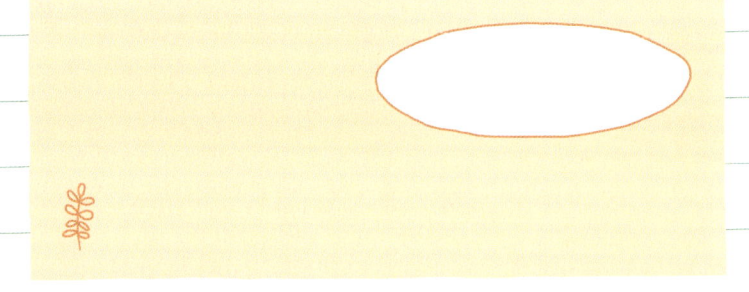

야구 캐스터가 내 꿈?

나는 학교가 끝나고 재민이, 동규와 함께 신나게 놀았다. 그리고 집으로 돌아가는 길에 떡볶이도 사 먹었다.

"재민아, 너는 커서 뭐 되고 싶어?"

"나? 몰라. 엄마가 좋은 대학부터 가래. 그럼 좋은 회사에 들어간다고 했어."

"동규 너는?"

"변호사 하래. 아빠가 젊을 때 사법 고시 준비했다가 실패했거든. 그래서 나는 꼭 변호사가 돼야 한대. 태경이 너는?"

"야구 캐스터."

나는 자랑스럽게 내 꿈을 밝혔다. 하지만 아이들의 반응이 미지근해서 실망했다.

"오. 근데 태경이 너 야구 잘하는 것도 아니잖아."

"맞아. 그리고 캐스터 되려면 공부도 잘해야 해."

"어……."

'선생님은 나한테 꿈을 꼭 이룰 수 있을 거라고 하셨는데.'

나는 재민이, 동규의 반응에 기분이 나빠졌다. 그리고 슬그머니 꿈 수업 생각이 났다. 만들지 못한 꿈 명함도, 버킷 리스트에 썼던 것들도 자꾸만 떠올랐다.

'거기 적은 게 다 실제로 이루어지면 참 좋을 텐데.'

하루 종일 그 생각만 해서 그런 걸까? 오랜만에 삼총사가 뭉쳐서 놀았는데도 어쩐지 기운이 없고 신도 나지 않았다.

"다녀왔습니다."

"늦게 왔네?"

엄마가 청소기를 돌리고 있었다.

"네. 재민이랑 동규랑 놀았어요."

"그래, 영어 모르는 거 있으면 동규한테 물어보고."

"알았어요."

엄마는 항상 내게 공부 잘하는 동규에게 많이 배우라고 말하셨다. 나는 저녁을 대충 먹고는 일찍 침대에 누웠다.

"네. 여기는 잠실 경기장입니다! 기오 대 도산의 야구 경기가 열리고 있습니다. 네, 말씀드리는 순간 홍민성 선수가 볼을 쳤습니다. 우익수 뒤로, 뒤로, 뒤로! 홈런이 터집니다! 역전 홈런으로 오늘 경기 끝났습니다!"

"안녕하세요. 이태경 캐스터님. 오늘 경기 중계 정말 잘 들었습니다. 저는 박완규 기자라고 합니다. 여기 제 명함입니다."

"안녕하세요, 박 기자님. 제 명함도 드릴게요."

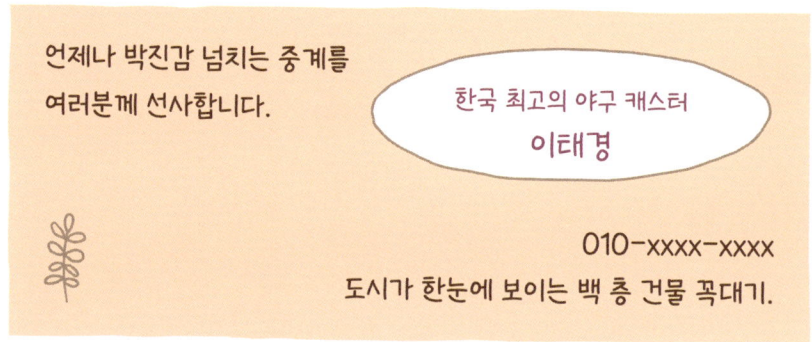

"백 층 건물이면 서울에서 가장 넓다는 그 건물인가요?"
"하하. 맞습니다."

우와아- 와와-와

제3 꿈의 구장

홈~런

중계석

"이야, 정말 멋진 곳에 사시네요."

"이태경! 이태경!"

"네, 박 기자님."

"박 기자님? 얘가 무슨 소리를 하는 거야. 태경아, 지각하겠다. 어서 일어나!"

엄마가 이불을 확 걷었다.

'전부 다 꿈이었구나.'

야구 캐스터가 된 이태경, 내 모습은 너무 멋졌다. 기자들은 나를 알아보고 인터뷰를 요청했고 선수들도 직접 만날 수 있었다. 꿈속에선 명함도 있었다.

삼총사 재결합 이후 학교생활은 전과 똑같이 흘러갔다.

"태경아, 오늘 점심시간엔 뭐 하고 놀까?"

재민이가 내게 와서 물었다.

"나는 오늘 쉴래."

"왜?"

"그냥 몸이 좀 안 좋아서."

"알았어."

별로 놀 마음이 들지 않았다. 나는 책을 읽는 은서에게 물었다.

"은서야. 무슨 책 읽어?"

"응, 동물도감이란 책이야."

"엄청 어려워 보인다."

"아니야. 생각보다 어렵지 않고 재미있어. 그리고 수의사가 되려면 이 정도는 기본이지."

열심히 꿈을 향해 나아가는 은서가 멋져 보였다.

'나도 야구 캐스터가 되고 싶은데…….'

오늘 아침에 꿨던 꿈이 생생했다. 멋진 양복을 입고 귀에는 헤드폰을 쓰고 야구 경기장에서 소리치는 내 모습……. 삼총사가 다시 뭉쳤지만 꿈 수업을 하지 않고 꿈 사탕도 먹지 않으니 왠지 모든 게 재미없었다.

오늘은 짝꿍을 바꾸는 날이다.

'은서가 짝꿍이어서 좋았는데.'

은서는 인기가 많다. 얼마 전부터 우리 반에서 제일 잘생긴 성호도 은서를 좋아한다는 소문이 퍼졌다. 잘생긴 데다 착하기까지 한 성호라면 은서도 좋아할 것 같았다. 조바심이 났다. 내 버킷 리스트 중 '좋아하는 애한테 고백하기'는 은서를 생각하고 쓴 것이다. 꼭 5학년이 되기 전에 솔직하게 말하고 싶다. 그런데 짝꿍을 바꾸면 은서랑 얘기할 수 있는 시간이 더 줄어들겠지?

"여러분, 오늘은 자리를 바꾸기로 했죠? 꿈 수업 시작하기 전에 짝을 바꾸고 새로운 친구와 꿈 수업을 들을 거예요."

제비뽑기로 새로운 짝을 정하기로 했다. 나는 긴장되는 분위기 속에서 번호가 적혀 있는 쪽지를 뽑았다. 쪽지에 적혀 있는 숫자는 8이었다.

'어떤 애가 나랑 같은 번호를 뽑았을까?'

나는 내 짝을 찾아 여기저기 두리번거렸다. 그때 여자아이들은 물론이고 남자아이들이랑도 스스럼없이 잘 어울려 노는 연지가 걸걸한 목소리로 말했다.

"8번 누구야?"

'헉, 연지가 내 짝이다.'

나는 조용히 손만 들었다.

"태경이 네가 내 짝이야? 흠, 너무 조용해서 재미없을 것 같은데."

"아니야. 태경이랑 짝하면 좋아."

옆에서 은서가 편을 들어 줬다. 은서가 나를 칭찬해 준 것 같아 기분이 좋았다.

"자, 조용조용. 자기 번호에 맞는 자리로 이동하세요."

우리는 짐을 챙겨서 새로운 자리로 갔다.

"이태경, 잘 지내보자. 우리 이번에 처음으로 같은 반인데 이렇게 짝꿍도 되고 인연이 깊네."

'꼭 어른들처럼 말하는 게 신기하네. 하여간 연지는 좀 특이한 애 같아.'

"그래. 잘 지내자."

"여러분, 지난 시간에 숙제를 내 줬죠? 모두 꺼내 보세요."

선생님은 지난 수업 때 자신이 찾은 장래 희망이나 버킷 리스트와 관련된 사진을 가져오라고 하셨다. 아마 선생님이 꿈 공책에 사진을 붙인 것처럼 우리도 꿈 공책을 꾸미게 하려는 것 같았다. 아이들 모두 가방에서 온갖 사진을 꺼내 들었다.

나는 재민이, 동규랑 한 약속 때문에 사진을 가져가야 하나 말아야 하나 어젯밤 내내 고민했다. 그러다 결국 나도 모르게 사진을 인쇄했다. 야구 캐스터, 야구 배트, 기오 타이거즈 선수단, 중계 중인 캐스터 사진에 내 얼굴을 오려서 붙인 것, 자유의 여신상, 나라별 음식, 정글, 케이크, 아빠에게 선물할 빨간 스포츠카, 엄마에게 선물할 멋진 옷 사진이었다. 인쇄한 사진을 한데 모아 놓고 보니 너무 흐뭇했다.

'이래서 선생님이 꿈 공책에 사진을 붙여 놓은 건가?'

나는 눈치를 보다 내가 인쇄해 온 사진을 가방에서 조심스럽게 꺼냈다.

"태경이 너 야구 좋아하는구나?"

연지가 쩌렁쩌렁한 목소리로 말했다.

"어? 어. 너도 야구 사진이 많네?"

"응. 나는 내 이름이 붙은 큰 경기장을 만들 거야. 그래서 야구를 좋아하는 사람은 누구든 와서 연습하고 경기할 수 있게 할 거야!"

"태경아, 연지야, 목소리가 너무 커요. 조금만 조용히 하자."

선생님은 우리 둘에게 주의를 줬다.

"여러분, 오늘 우리는 '꿈 보드'를 만들 거예요. 꿈이랑 관련된 사진을 판에 붙이면 그게 꿈 보드가 되는 거예요. 선생님이 여러분을 위해 두꺼운 종이를 준비했어요. 거기에 각자 '나의 꿈 보드'라고 멋지게 적어 볼까요? 자기 장래 희망 사진을 가운데 붙이고 그 주변에 준비해 온 사진을 붙이세요. 사진을 한 장씩 붙일 때마다 간절한 마음으로 붙이는 거예요. 기도하는 것처럼 주문을 외면 더 좋겠죠? 어떤 주문을 외워 볼까요?"

선생님 물음에 세환이가 말했다.

"백 평짜리 집에서 살게 해 주세요!"

"땡! 세환이 꿈이 백 평짜리 집에서 사는 것이라면 '백 평 집에

살게 해 주셔서 감사합니다'라고 주문을 외면서 붙이는 거예요."

"아직 이루어지지 않았는데도요?"

"그 주문을 간절히 외면 자연스럽게 그 꿈을 이루기 위해서 노력하게 되고 그러다 보면 꿈을 이루게 될 거예요."

선생님은 정말 이상한 소리만 하셨다. 그래도 선생님은 그렇게 주문을 외면서 꿈 보드에 붙인 것들이 정말로 이루어진 적이 많다고 하셨다. 나는 '기오 타이거즈 선수들을 직접 만나고 사인 볼을 얻게 해 주셔서 감사합니다', '제가 원하는 야구 캐스터가 되게 해 주셔서 감사합니다'라고 속으로 말하며 꿈 보드에 사진을 붙였다. 그때 재민이가 내 옆으로 다가왔다.

"이태경, 너 나랑 약속한 거 잊었어?"

"재민아, 내가 많이 고민해 봤는데 나도 솔직히 선생님 말이 다 믿기지는 않아. 동규 말처

럼 시간이 아까울 때도 있고. 그런데 꿈을 생각할수록 기분이 정말 좋아진단 말이야. 난 우리 삼총사가 다 같이 꿈 수업을 들었으면 좋겠어."

"됐어. 너랑은 말이 안 통해. 우리 이제 절교야. 알겠어? 삼총사는 오늘로 끝이라고!"

"야, 재민아."

"이제 말도 걸지 마."

결국 나는 꿈 수업을 듣는 대신 두 친구와 절교하게 되었다.

꿈 수업 8
나만의 꿈 보드 만들기

◆ 여러분의 꿈을 이루어 내는 데 도움이 될 꿈 보드를 만들어 봐요. 꿈을 보여 줄 사진을 인쇄하거나 그림을 그려서 꿈 보드에 하나씩 붙입시다. 각 사진과 그림 아래에 여러분의 꿈을 글로 간단히 써 두세요.

_____(이)의 꿈 보드

미래 일기로 엿본 내 모습

선생님은 이제 꿈 수업이 몇 번 남지 않았다고 했다. 나는 꿈 수업을 듣고 새로운 꿈이 생길 때마다 공책에 적었다. 야구 캐스터가 되는 법도 적어 놓았다. 그러고는 꿈 보드를 거실 한쪽 벽에 걸어 두고 매일 사진을 보면서 상상했다. 다음 꿈 수업에서는 뭘 할까?

다시 돌아온 꿈 수업 시간에도 선생님은 재미있는 것을 준비해 오셨다.

"여러분, 타임머신이 뭘까요?"

"시간 여행하는 거요."

"그래요. 우리는 오늘 미래로 시간 여행을 갈 거예요."

"미래로요? 어떻게요?"

"다 같이 눈을 감고 여러분의 미래로 갈 거예요. 바라던 직업을 가지게 되었는지, 어떻게 씩씩하게 잘 지내고 있는지 보고 오는 겁니다."

"에이 거짓말하지 마세요, 선생님. 어떻게 미래로 가요."

한 아이가 장난스레 말하자 교실은 금세 시끌벅적해졌다.

"거짓말이라니. 자, 조용히 하세요. 다들 눈을 감고 집중하세요. 선생님이 이제부터 주문을 외울 거예요. 수리수리 마수리~ 5반 모두 미래로…… 하나, 둘, 셋!"

우리는 순식간에 조용해졌다. 그리고 동시에 외쳤다.

"에이!"

선생님은 웃음을 터뜨리셨다.

"미안해요. 선생님도 미래로 가지는 못해요. 하지만 미래를 엿보는 법은 알고 있거든요? 바로 미래에 일어났으면 하는 일을 일기로 쓰는 거예요. 꿈 공책에 미래 일기를 쓰는 거죠."

"미래 일기요?"

"그래요. 꿈 공책에다 미래 일기를 아주 생생하고 구체적으로 쓰고 나서 그 모습을 매일 생각하다 보면 적은 내용이 반드시 이루어 질 거예요!"

"선생님, 그러면 주완이랑 규호가 결혼한다고 쓰면 둘은 나중에 결혼하게 되는 거예요?"

장난꾸러기 동민이가 물었다.

"뭐야?"

주완이가 버럭 소리를 질렀다.

"선생님! 그러면 로또 1등 당첨된다고 쓰면 정말 당첨되나요?"

선생님은 방긋 웃으며 말했다.

"선생님이 미래 일기의 비밀을 알려 줄게요."

미래 일기의 요건

1) 미래의 날짜를 쓴다.
2) 이미 이루어졌다고 가정하고 쓴다.
3) 구체적으로 세세하게 쓴다.
4) 주인공은 나 자신이니까 내 이야기를 쓴다.
5) 좋은 결과를 가져오는 일만 쓴다.

"미래 일기는 무조건 쓴다고 이루어지는 것이 아니에요. 앞의 다섯 가지 요건을 지키면서 써야 이루어질 확률이 올라갑니다. 선생님이 몇 년 전에 쓴 일기를 읽어 줄게요. 이건 선생님이 대학교에 다닐 때 쓴 일기예요."

선생님은 일기를 펼치고는 한 페이지를 집어 소리 내 읽기 시작하셨다.

"나는 시험에 무사히 합격했다. 시험을 준비하면서 힘든 일도 많았지만 그보다 더 많은 것을 배울 수 있었다. 그동안 공부했던 시간이 파노라마처럼 머릿속을 스쳐 지나갔다. 곧 예쁜 학생들을 만날 수 있다. 기대감 때문에 잠이 오지 않는다. 아이들과 무엇을 하며 첫날을 보낼지 책을 보며 연구해야겠다."

선생님은 다음 일기도 읽어 주셨다.

"처음 만난 아이들은 3학년이다. 정말 예쁘고 사랑스럽다. 한 해 동안 아무 문제 없이 아이들과 잘 지낼 것 같다. 교실 역시 햇볕이 잘 들고 깨끗하다. 기대된다."

선생님은 이후 미래 일기에 쓴 대로 시험에 합격했고 3학년 학생들을 만났다고 했다.

아이들은 여전히 반신반의하는 것 같았다.

"에이, 말도 안 돼요. 어쩌다가 우연히 맞아떨어진 거겠죠."

"맞아요. 오늘 있었던 일을 일기로 쓰기도 벅찬데 미래에 있을 일을 쓰라니 머리만 아파요."

"여러분, 선생님이 의심하면 이루어진다고 했나요?"

"아니요."

"자, 그럼 각자 미래 일기를 써 보는 시간을 가질까요?"

선생님은 십오 년 후의 내 모습을 상상하며 미래 일기를 써 보라고 했다. 어떤 일이 벌어져 있을까? 미래 일기를 쓰려니 마치 내가 드라마 작가가 된 것 같았다. 나는 집에 돌아와서도 학교에서 다 못 쓴 미래 일기를 쓰다가 잠들었다.

'재민이는 꿈대로 좋은 대학교에 가서 좋은 곳에 취직했고 동규는 변호사가 되었다. 나는 야구 캐스터가 되었고 우리 삼총사는 함께 여행도 가고 여전히 친하게 지내고 있다!'

꿈수업 9
미래 일기 쓰기

◆ 버킷 리스트도 썼고, 장래 희망도 찾았다면 미래 일기 쓰기가 쉬울 거예요. 일 년 후, 오 년 후, 십 년 후 중 좋은 걸 골라서 여러분의 미래 일기를 직접 써 보세요. 마치 미래의 내가 쓴 것처럼 생생하게 쓰는 게 좋아요.

_____(이)의 미래 일기 (년   월   일)

꿈 공책이 사라지다

미래 일기를 쓰고 며칠 뒤, 분명히 사물함에 넣어 둔 내 꿈 공책이 어디에도 보이지 않았다.

'분명 집에서 미래 일기를 쓰고 다시 학교로 가져왔는데, 아니었나?'

하교 후 집에 오자마자 책상을 뒤졌지만 집에도 공책이 없긴 마찬가지였다.

"엄마, 아빠, 혹시 제 공책 보셨어요?"

"글쎄, 엄마는 네 책상 치우지 않았는데?"

"겉에 야구공 그려진 공책이에요."

"아빠도 본 적 없는데, 없어졌니?"

"네, 꿈 수업 시간에 쓰는 공책인데 학교에도 집에도 없어요."

"교실 어딘가에 있을 거야. 잘 찾아봐."

다음 날, 나는 학교에 오자마자 다시 책상과 사물함을 샅샅이 뒤졌지만 공책을 찾을 수 없었다.

"진짜 잃어버렸나 봐. 어떡하지……?"

"태경아, 이렇게 책상에 있는 물건이랑 사물함에 있는 물건을 다 빼 놓으면 어떡해. 내 자리까지 더러워졌잖아."

"연지야, 미안해. 내 꿈 공책이 안 보여서 말이야."

"꿈 공책? 잃어버린 거야?"

"모르겠어. 집에 없는데 학교에도 없어."

"어디 다른 데 둔 건 아니고?"

태경이 꿈 공책 본 사람!!

"아니야. 수업 듣고 집에 가져갔다가 다시 갖고 왔어. 사물함에 넣어 놓았는데……."

"얘들아, 태경이 꿈 공책 본 사람!!"

고맙게도 내 이야기를 들은 연지가 큰 목소리로 반 친구들에게 물어봐 주었다. 하지만 친구들도 못 봤다고 했다.

"더 찾아봐. 집이랑 학원도 다시 꼼꼼하게 뒤져 보면 분명 찾을 수 있을 거야."

연지가 위로했지만 나는 하루 종일 마음이 불편했다. 꿈 공책에는 내 버킷 리스트와 프로젝트를 하면서 알아 둔 직업들, 내 미래 일기까지 다 적혀 있었다.

'누가 보기라도 한다면…….'

공책을 잃어버리면 거기 적힌 내 꿈들도 사라질 것만 같았다.

꼭 찾겠다고 다짐했지만 여전히 공책을 찾을 수 없었다. 그런데 그다음 날, 학교에 갔더니 주완이가 울고 있었다. 규호와 나연이도 뿔이 난 표정이었다.

"얘들아, 왜 그래?"

"꿈 공책이 없어졌어. 사물함에 넣어 뒀는데."

"너희들도? 나도 없어졌어."

"선생님에게 말하자. 누군가 훔쳐 간 게 분명해!"

나연이는 선생님에게 꿈 공책이 없어진 친구들이 있다고, 도둑맞은 것 같다고 말했다. 선생님은 반 아이들을 자리에 앉혀 놓고 말씀하셨다.

"여러분, 몇몇 친구가 꿈 공책을 잃어버렸다고 선생님에게 말했어요. 친구의 꿈이 궁금하다고 남의 물건을 허락 없이 몰래 들고 가면 안 돼요. 꿈 공책을 가져간 사람은 공책 주인의 책상 서랍에 공책을 다시 넣어 두면 좋겠어요. 친구의 꿈을 궁금해하는 건 잘못이 아니지만 허락 없이 가져가서 돌려주지 않으면 도둑질이 되는 거예요. 다른 친구의 꿈 공책을 꼭 돌려주세요."

선생님의 말이 끝나자 교실에는 심상치 않은 분위기가 감돌았다. 나와 마찬가지로 친구들 역시 누군가 훔쳐 간 게 분명하다고 짐

작하고 분노했다. 심지어 불똥이 괜한 데 튀어 친구들은 미래 일기에 대해서 불평하기 시작했다.

"선생님, 제가 수학 쪽지 시험을 백 점 맞았다고 미래 일기를 썼는데 이루어지지 않았어요. 순 엉터리예요. 꿈 보드에 생일 선물로 받고 싶은 스마트폰 사진도 붙여 놓았는데, 엄마랑 아빠가 비싼 스마트폰은 안 된다고 하셨어요."

세환이가 툴툴거리며 말했다.

"맞아요. 저도 하나도 안 이루어졌어요. 선생님은 거짓말쟁이예요."

선진이도 불평을 쏟아 냈다. 선생님의 꿈 수업이 아무런 효과도 없다고 불만을 토하는 아이들이 속속 나왔다. 나는 힐끔 재민이와 동규를 쳐다봤다. 둘은 지금 상황이 자기들과는 아무런 관계가 없다는 듯 책을 보고 있었다. 아이들의 이야기를 잠자코 듣던 선생님이 물었다.

"여러분, 라면을 끓이려고 냄비를 가스레인지 위에 올려놓으면 물이 바로 끓나요?"

"아니요."

"물이 끓지 않는다고 불을 끄면 라면을 먹을 수 있겠어요?"

"……아니요."

"미래 일기도 마찬가지예요. 세환이랑 선진이가 일기를 딱 한 번 써 놓고 '어? 안 이루어지잖아. 이제 안 쓸래'라고 하면 어떻게 될까요? 맛있는 꿈을 먹지 못하겠죠? 미래 일기를 쓰고 또 쓰고 상상하면서 꿈이 익을 때까지 기다리는 거예요. 여러분은 미래 일기를 쓰고 좋은 일이 생길 거라고 믿고 기다리는 게 좋아요, 아니면 아무것도 쓰지 않고 좋은 일이 생기지 않는 것이 좋아요?"

선생님의 물음에 친구들은 아무 대답도 하지 못했다. 은서가 조용히 물었다.

"선생님. 정말 미래 일기에 적은 게 현실이 될까요?"

"어디 한번 써 보고 이루어지나 안 이루어지나 지켜보자는 마음으로 쓰면 안 돼요. 반드시 이루어진다고 믿고, 간절히 바라면서 써야 꿈을 이룰 동력을 얻을 수 있어요. 거기다 지금 우리 5반은 선생님이 무엇을 주고 있죠?"

"꿈 사탕이요!"

"맞아요. 꿈 사탕이 여러분을 도와주고 있어요. 반드시 꼭 이루어진다고 믿는 게 중요해요. 그 마음이 여러분에게 꿈을 이룰 방법을 찾아 줄 거예요."

친구들 모두 조용해졌다. 나는 마음속으로 간절히 빌었다.
'내 꿈 공책 도둑이 내일은 마음을 고쳐먹고 공책을 돌려줬으면.'

또 다음 날이 되었다. 하지만 꿈 공책을 잃어버린 친구들이 더 많아졌다. 대체 누구일까? 혹시 재민이가 가져간 거 아닐까? 나는 온갖 의심을 하고 있었는데, 정작 재민이는 무심하게 자리에 앉아 있었다. 친구들은 공책이 없어졌다고 울먹였고 선생님은 이렇게 말씀하셨다.

"우선 새로운 공책을 하나 더 만들어서 꿈을 계속 채워 나가도록 하세요. 누가 다른 사람의 꿈 공책을 몰래 가져갔는지 선생님이 알아보고 공책을 돌려주라고 말할게요."

그렇게 하루가 더 흘렀지만 여전히 아무도 공책을 돌려받지 못했다. 재민이와 동규는 정말로 나와는 절교하기로 결심한 건지 단 한마디도 하지 않았다.

점심시간이 좀 지났을 때였다. 점심을 급히 먹어 탈이 났는지 갑자기 배가 아팠다. 당장이라도 화장실에 달려가고 싶었지만 수업 시간이 아직 조금 남아서 꾹 참았다가 쉬는 시간이 되자마자 화장실로 달려갔다.

'으악, 너무 급해서 죽을 것 같아.'

얼마나 참았는지, 이마에 식은땀이 송골송골 맺혔다. 교실에서 화장실까지 가는 게 꼭 운동장 한 바퀴를 도는 것만 같았다. 겨우 마지막 칸에 들어가 열심히 볼일을 보고 있는데 수업 시작을 알리는 종소리가 났다. 큰일이었다. 그런데 그때 화장실 안에서 익숙한 목소리가 들렸다.

"재민아, 언제까지 애들 꿈 공책 훔칠 거야? 이제 돌려주자. 이건 아닌 것 같아."

동규 목소리였다. 곧이어 재민이 목소리가 들렸다.

"선생님이나 다른 친구들이 우리가 범인인 줄 어떻게 알겠어? 괜찮아. 안 들켜."

"너 왜 그렇게까지 태경이랑 꿈 수업을 미워하는 거야?"

나는 깜짝 놀라서 귀를 쫑긋거렸다. 심장이 마구 뛰었다. 재민이가 뭐라고 대답할까?

"꿈 수업 자체가 말이 안 되잖아. 어렸을 때 우리 아빠가 자기 꿈이라면서 회사 그만두고 가게 차렸다가 망했대. 엄마랑 할머니가 그러는데 꿈이고 뭐고 다 소용없대. 오히려 우리 집은 아빠 꿈 때문에 빚이 생겨서 고생만 잔뜩 하고……. 꿈이 이루어지기는 개뿔. 근데 선생님은 그런 것도 모르면서 꿈, 꿈, 무작정 꿈을 꾸면 다 이루어진다고 하잖아. 거기다 은서가 꿈 수업 때문에 태경이랑 가깝게 지내는 것도 싫어."

"아 참, 그러고 보니 너 작년부터 은서 좋아했지?"

'그랬구나. 재민이가 은서를 좋아해서 나한테 더 그랬던 거야.'

"게다가 태경이는 우리 삼총사를 꿈 수업 때문에 버렸어. 쳇, 기분 나빠. 우리가 그깟 수업보다 덜 중요하다는 거야? 그리고 민규 노트는 네가 훔쳤잖아. 민규가 공부 잘하는 게 얄밉다고 네가 사물함에서 빼 온 거, 나는 알고 있어."

"나는 네가 애들 공책을 막 훔치길래, 민규가 뭐라고 썼는지 궁금해서 그랬던 건데……. 우리 이제 어떡해, 재민아. 선생님은 돌려만 주면 용서하겠다고 하셨잖아. 그냥 몰래 돌려주자."

"싫어! 혹시라도 돌려주다가 들키기라도 하면 그때는 완전 끝장이야."

"그럼 어떡하자고?"

"……그냥 다 찢어서 버리자."

나는 깜짝 놀라서 엿듣고 있다는 것도 잊고 소리를 지를 뻔했다.

'내 공책이랑 친구들 공책 어떡하지?'

당장이라도 재민이와 동규를 말리고 싶었다. 하지만 내가 엿듣고 있었다는 사실을 알면 둘이 나를 더 미워하게 될 것 같았다. 그렇다고 몰래 나가서 선생님께 이르면? 재민이와 동규는 엄청나게 혼나겠지만 이미 공책은 찢겨 있을 거였다. 무엇보다 그렇게 되면 그때야말로 삼총사가 영원히 망가질 것 같았다.

'아, 어쩌지? 대체 어떡하지? 재민아, 동규야, 제발 그냥 친구들한테 공책을 돌려줘.'

그때 동규의 목소리가 들렸다.

"재민아, 그건 진짜 나쁜 것 같아."

"그럼 창피하게 우리가 범인이라고 순순히 털어놓자고? 너 그럴 수 있어?"

"아니……."

"그러니 어쩔 수 없지."

"태경이 것도 찢을 거야? 그래도 우리 삼총사였는데."

"그렇지만 먼저 우리를 배신한 건 태경이잖아."

"그래도 일단 태경이 꿈 공책을 읽어는 보자. 우리 아직 읽어 보지도 못했잖아."

나는 순간 손에 쥐고 있던 휴지를 떨어뜨렸다. 사락사락, 공책을 넘기는 소리가 들렸다.

"얘 뭐냐? 삼총사랑 영원히 친구 하기? 누가 해 준대?"

재민이가 삐죽 웃으며 말했다.

"재민아, 미래 일기 좀 봐. 우리랑 같이 여행도 간대."

"야, 버킷 리스트도 봐."

"재민이, 동규랑 같이 꿈 이루기?"

"근데 셋이 여행 가면 진짜 재미있긴 하겠다."

"그러게. 이거 생각보다 재밌다. 우리 다른 친구들 것도 읽어 볼까?"

"야, 이것 봐. 유민이가 동규 너 좋아하나 봐!"

"왜?"

"동규랑 같은 대학교에 들어간다고 쓰여 있잖아."

재민이와 동규는 다른 애들의 꿈 공책도 읽는 것 같았다. 처음엔 내 비밀이 다 탄로 나는 것 같아서 창피했다. 하지만 듣다 보니 기분이 썩 나쁘지 않았다. 왠지 재민이와 동규가 내 마음을 알아주는 것 같았기 때문이다. 그리고 재민이와 동규도 곧 꿈 공책의 매력에 푹 빠지게 될 거라는 예감이 강하게 들었다.

나는 꿈 공책 읽는 데 집중하고 있는 재민이와 동규 몰래 조용히 화장실을 빠져나와 교실로 향했다.

"태경아, 수업 종이 한참 전에 쳤는데 왜 이렇게 늦게 들어왔니."

"화장실이 너무 급해서요. 죄송해요."

"재민이랑 동규는 못 봤니? 같이 있는 거 아니었어?"

"아니요. 어디 있는지 모르겠어요."

"그래, 일단 앉으렴. 수업 시작하자."

얼마 지나지 않아 재민이와 동규도 교실로 들어왔다. 손에는 아무것도 들려 있지 않았다. 선생님이 둘에게도 어디 갔다가 이제 오냐고 물었다.

"동규가 배가 아프다고 해서 보건실에 갔다 왔어요."

"그래? 동규는 괜찮니? 둘 다 자리에 돌아가서 앉아라."

다음 날 아침이었다.

"선생님, 공책 찾았어요! 사물함에 들어 있어요."

유민이와 민규가 말했다. 나도 부리나케 달려가 내 사물함을 보았다. 공책이 있었다!

달콤한 꿈 사탕의 맛

매주 금요일이면 꿈 사탕을 먹지만 먹을 때마다 기분이 묘하다. 사탕은 꽤 커서 입에 넣으면 볼이 볼록 튀어나온다. 한번은 꿈 사탕을 부모님께도 드리고 싶어서 호주머니에 넣었더니 선생님이 이렇게 말했다.

"사탕을 집에 가져가면 마법이 사라져요. 항상 수업이 끝나고 나서, 내 꿈을 생각하면서 먹어야 해요. 알겠죠?"

나는 선생님 이야기를 듣고 가만히 있다가 사탕을 주머니에서 꺼내 까먹었다. 그리고 결심했다. 반드시 꿈 사탕 제조법을 알아내리라! 왠지 꿈을 찾게 되면 꿈 사탕 제조법도 알 수 있을 것 같았다.

짝꿍을 새로 정하면서 은서와 이야기를 할 기회도 줄었다. 은서는 인기가 많아서 남자애들이 괜히 장난을 치기도 했는데 나는 그 모습을 멀리서 쳐다만 보고 있었다. 그런데 오늘 영어 학원에 갔다가 깜짝 놀랐다. 내가 잘못 본 건가 싶어서 눈을 비비고 다시 봤는데 잘못 본 게 아니었다! 영어 학원 교실에 은서가 앉아 있었다.

"은서야!"

"응, 태경아."

"여긴 웬일이야?"

"영어 배우러 왔지."

"갑자기? 왜?"

"내가 오니까 싫어?"

"아, 아니, 싫기는. 너무 좋지."

"장난이야. 우리 장래 희망 찾기 프로젝트 했잖아. 그때 나는 수의사라는 꿈을 찾았거든."

"맞아. 수의사가 되고 싶다고 했었잖아."

"그래서 어떻게 하면 수의사가 될 수 있을까 알아봤는데 공부를 잘해야 하더라고. 나는 영어가 약해서 아빠한테 학원에 다니고 싶다고 했어."

"우와, 대단하다. 난 엄마가 다니라고 해서 다니는 건데."

"태경이 넌 꿈이 뭔데?"

"야구 캐스터."

"어떻게 하면 캐스터가 될 수 있는지 찾아봤니?"

"아니, 대충 알아보긴 했는데 아직 제대로 찾진 않았어."

"너도 한번 찾아봐. 생각보다 재밌을 거야."

역시 은서는 멋졌다. 한편으로는 부끄럽기도 했다. 왜 나는 야구 캐스터라는 꿈을 가지고 있으면서도 무엇을 해야 캐스터가 될 수 있는지 제대로 찾아볼 생각은 안 했을까? 어쨌든 이제 은서와 함께 영어 공부를 하게 되어 기뻤다.

그때 학원에 도착한 재민이와 동규도 은서와 인사를 했다.

"은서야, 안녕."

"응. 얘들아, 안녕."

은서는 해맑게 인사했다.

"삼총사 사이에 내가 끼었네?"

동규가 은서의 말에 깜짝 놀라며 물었다.

"어? 우리가 삼총사라는 걸 네가 어떻게 알아?"

"작년에 같은 반이었을 때도 너희가 다른 반이던 태경이랑 삼총사라면서 맨날 같이 놀았잖아."

"아……, 그랬지."

"삼총사끼리 학원도 같이 다니니까 좋겠다."

"그, 그렇지. 참, 태경이 너 오늘 단어 시험 잘 봤어?"

재민이가 다시 나에게 말을 걸었다!

"그냥, 그럭저럭. 너는?"

"나는 지난번보다는 잘 봤어. 영화배우가 되려면 이제 영어 공부 열심히 해야지."

"영화배우?"

"응. 멋진 배우가 돼서 할리우드에 갈 거야!"

"우와, 재민이 너 엄청 멋지다."

은서의 칭찬에 재민이의 얼굴이 빨갛게 익었다.

"동규 너는? 너도 꿈이 있어?"

"응? 나는 최고의 건축가."

꿈 수업을 듣지 않으면서 꿈 얘기를 하려니 멋쩍은지 머리를 긁적이며 동규가 대답했다.

"우리 삼총사 십오 년 후에 다 같이 여행도 갈 거지, 그렇지?"

재민이가 모기만 한 목소리로 내게 말했다. 나는 이게 자존심 강한 재민이가 내게 사과하고 싶어서 하는 말이라는 걸 눈치채고 활짝 웃으며 화답했다.

"그럼, 물론이지!"

"여행? 그건 무슨 소리야?"

사정을 모르는 은서가 해맑게 물었다.

"삼총사만 아는 그런 게 있어."

"뭐야. 나도 끼워 줘. 사총사 하자."

"너를 우리 삼총사에 끼워 달라고?"

동규가 입을 삐죽였지만 은서는 당당했다.

"당연히 끼워 줄 수 있지! 은서까지 해서 우린 이제 사총사인 거야. 알았지?"

재민이가 신나서 말했다.

"뭐, 그래. 좋아."

동규는 그렇게 말하고는 어깨에 팔을 두르고 잘난 얼굴로 멋지게 씩 웃어 보였다.

삼총사의 화해는 이렇게 기분 좋게 이루어졌다. 은서까지 사총사가 됐으니 말이다!

"태경아, 오늘 신나 보인다. 좋은 일 있었니?"

역시 엄마였다. 내가 기분 좋은 걸 바로 알아챘다.

"아뇨. 특별한 일은 없었어요. 엄마, 야구 캐스터가 되려면 어떻게 해야 해요?"

"글쎄, 캐스터도 시험을 보는 걸로 알고 있는데. 엄마랑 한번 찾아볼까?"

"네."

엄마는 컴퓨터로 '야구 캐스터 되는 법'이라고 검색했다. 나 말고도 궁금해하는 사람들이 많이 있었다. 엄마 말대로 캐스터가 되려면 방송국에서 아나운서 시험을 봐야 했다.

'윽, 영어도 제법 해야 하는구나.'

"우리 태경이가 야구 캐스터가 되면 정말 잘할 거 같은데? 엄마는 태경이가 경기를 설명해 주면 내용이 귀에 쏙쏙 들어오더라고."

"정말요?"

"그럼, 물론이지."

나는 엄마의 칭찬에 기분이 더 좋아져서 영어 학원 숙제를 후다닥 해치우고는 일찍 잠들었다.

은서와의 약속

영어 학원이 끝나고 나와 은서는 떡볶이를 먹으러 갔다. 학원 뒤쪽에 할머니가 하시는 떡볶이 가게가 있다. 할머니 얼굴에 큰 점이 있어서 우리는 복점 할머니라고 부른다. 복점 할머니가 만드시는 떡볶이는 정말 맛있어서 학원 아이들 모두 좋아한다.

"할머니, 여기 떡볶이 주세요!"

"그래, 공부는 열심히 하고 왔어?"

"네. 공부를 열심히 했더니 배가 너무 고파요. 맛있게 해 주세요."

은서가 복점 할머니께 살갑게 말했다. 할머니는 금세 김이 모락모락 나는 떡볶이를 가져다주셨다.

은서와 나는 매콤달콤한 떡볶이를 맛있게 먹었다.

"복점 할머니 떡볶이가 세상에서 제일 맛있어."

"그치. 나도 이제 영어 학원에 다니니까 같이 자주 오면 되겠다."

"좋아. 안 그래도 짝꿍 바뀌고 나서 너랑 이야기를 많이 못 해서 아쉬웠어."

"나도 그랬어."

은서도 나처럼 아쉬웠다고? 어쩌면 은서도 나랑 같은 마음일까? 나는 버킷 리스트 중 하나였던 '좋아하는 애한테 고백하기'를 실천할 순간이 지금이란 걸 깨달았다. 가슴이 두근거렸다.

"은서야, 나 네가 좋아. 넌 나 어때?"

짧은 고백에도 얼굴이 금방 달아올라 화끈거렸다. 별말도 아닌데 왜 그렇게 부끄러웠을까? 은서를 똑바로 바라볼 수 없었다. 은서는 명랑한 목소리로 대답했다.

"나도 태경이 네가 좋아."

"응? 저, 정말? 진짜로 너도 내가 좋아?"

"그럼 거짓말이게? 정말이야."

나는 은서의 대답에 기뻐서 날아갈 것 같았다.

"근데 태경아, 우리 약속 하나 하자."

"무슨 약속?"

"우리가 꿈 공책에 쓴 꿈들 이루고 나서, 스무 살이 되면 제대로 사귀기로 말이야. 앞으로 중학교, 고등학교에 들어가면 자주 못 만날지도 모르잖아. 그래도 우리 여기 떡볶이집에서 약속한 거 잊지 말고 열심히 해서 꿈 이루고 대학생이 되면 다시 만나자."

"그렇게 말하니까 꼭 지금 당장 헤어지는 것 같아."

"아니, 쭉 좋은 친구로 지내야지! 서로 응원해 주는 꿈 친구가 있으면 좋잖아."

"맞아. 그리고 우리는 이제 사총사니까!"

"스무 살에 만나면 내가 엄마를 다시 보러 갈 때 같이 가 줄래?"

"엄마?"

"응. 사실 우리 엄마는 내가 어렸을 때 아빠하고 헤어졌어. 어쩔 수 없는 일이 있었대. 그리고 외국으로 떠나셔서 나중에 내가 대학생이 되면 꼭 다시 만나기로 약속했거든. 이건 내 버킷 리스트에도 있는 거야."

"그래, 꼭 같이 가자."

"고마워. 혼자 가면 떨릴 거 같은데 같이 가면 마음이 좀 편할 것 같아."

나는 은서가 나에게 그런 이야기를 해 줘서 참 고마웠다. 그러면서도 마음이 좀 아팠다. 그래서 마음속으로 다짐했다.

'멋진 어른이 되어서 은서를 만나 은서 엄마께 같이 가야겠다.'

우리 이야기를 듣고 있던 복점 할머니가 말했다.

"우리 아가들, 기특도 하다. 떡볶이 서비스로 더 줄게. 많이 먹어라."

"와, 감사합니다!"

우리는 배불리 떡볶이를 먹고 나왔다. 꿈 공책에 쓴 덕분일까? 내가 은서에게 고백하고 은서도 고백을 받아 주다니. 그날은 내내 기분이 좋았다.

5반의 꿈 파티에 초대합니다

"엄마, 아빠, 여기요."

"이게 뭐니?"

"꿈 파티 초대장이요!"

"꿈 파티? 이번 주 토요일이네. 꿈 파티가 뭔데?"

"꿈 파티는 우리 5반만의 특별한 파티예요! 미래로 타임머신을 타고 가서 꿈을 이룬 모습으로 파티를 즐기는 거죠. '안녕하세요. 야구 캐스터 이태경입니다. 오늘 제가 사는 백 평짜리 아파트에서 길을 잃을 뻔했지 뭡니까?' 이렇게 자연스럽게요."

온 가족이 큰 소리로 웃었다.

"한 사람당 세 명까지 초대할 수 있어요. 엄마, 아빠랑 작년에 친했던 영훈이를 초대하려고요."

"다른 반 친구를 초대해도 되는 거야?"

"네. 재밌겠죠? 그리고 초대받은 사람도 명찰을 차고 와야 해요. 자기 꿈이 적힌 명찰이요."

"그래. 초대해 줘서 고맙구나."

그런데 고맙다고 말하는 부모님의 표정이 별로 좋지 않았다. 나는 그날 밤 부모님의 대화를 엿듣고서야 왜 표정이 좋지 않았는지 알게 되었다.

"여보, 태경이 꿈 파티 어떡하지?"

"왜?"

"꿈을 적은 명찰을 차고 와야 한다잖아. 이제 다 커서 회사 다니고 있는데 꿈은 무슨 꿈이야."

"우리 살날이 아직 많이 남았잖아. 이번 기회에 무슨 꿈을 더 가질 수 있을지 생각해 보고 좋지 뭐."

"그래도 왠지 쑥스러워."

엄마, 아빠가 멋진 꿈을 생각하길 바랐다. 선생님은 꿈 파티에 올 때 자신의 미래 모습에 걸맞은 복장을 갖추면 더 좋다고 하셨다. 평소에는 편한 옷만 입던 아빠도 꿈에 어울리는 멋들어진 옷을 준비하실까? 중요한 일이 있을 때마다 꺼내던 턱시도를 입을지도 모르겠다고 생각했다. 엄마는 항상 멋쟁이니까 걱정할 필요가 없었다. 지난번에 만든 꿈 명함도 열 장 챙겨 오라고 하셔서 나는 꿈 명함을 후다닥 새로 만들었다. 꿈 파티에서 만나는 사람들에게 나눠

주어야 하니까 말이다. 또 하나, 음식을 한 가지씩 가져와서 나눠 먹기로 했다. 양이 적어도 괜찮고, 사 와도 좋다고 하셨다. 엄마는 고구마튀김을 해 주겠다고 하셨다. 꿈 파티가 정말 기대돼서 밤에 잠이 잘 오지 않을 정도였다.

다음 날 교실에 갔더니 친구들이 분주하게 움직이고 있었다.
"연지야, 꿈 파티 준비하는 거야?"
"응. 교실을 꾸며야 더 재밌을 거 같아서 모둠별로 꿈 파티 간판을 만들고 장식도 더 하기로 했어."
우리는 미술을 잘하는 수민이를 중심으로 열심히 교실을 꾸몄다. 몇몇은 풍선을 가져오기로 했다.
"선생님, 집에 빨간 카펫 있는데 그거 가져와도 돼요?"
"하하하, 무슨 빨간 카펫이야. 네가 영화배우냐?"
성완이가 웃으며 말했다.
"응. 나 영화배우가 꿈이거든."
재민이는 나랑 같이 만든 꿈 명함을 보여 주었다. 거기엔 정말 또박또박 큰 글씨로 '영화배우'라고 적혀 있었다.
"그래. 부모님께서 허락하시면 가져와도 좋아."

선생님이 재민이에게 말씀하셨다. 교실만 꾸미는 게 아니라 각자 꿈 파티에 필요한 소품을 만들기도 했는데 누구보다 열심히 만든 건 재민이와 동규였다.

"유민아, 이렇게 눈꽃 모양으로 만들어서 붙이면 어때?"

창가 쪽에 앉은 동규 목소리가 멀리 있는 우리 모둠까지도 크게 들렸다.

나는 쉬는 시간을 틈타 2반으로 갔다.

"김영훈!"

"오, 이태경. 오랜만이네?"

"그러게. 자, 이거 받아!"

"꿈 파티 초대장이구나? 소문 들었어. 우리 반 애들도 몇 명 초대받았거든. 너희 반은 되게 재밌는 걸 하네."

나는 영훈이에게 꿈 파티에 차고 올 명찰을 건네주고는 간단히 설명했다. 꿈 파티 준비가 착착 되어 가고 있었다.

꿈 수업 10
꿈 파티 초대장 만들기

◆ 꿈 파티를 한다면 초대하고 싶은 친구들이 있나요? 꿈 파티 초대장을 만들어 보아요. 내가 생각하는 꿈 파티의 모습을 구체적으로 상상해 보고 초대장에 묘사하여 친구들에게 꿈 파티를 소개해 주세요.

마법의 카메라에 찍힌 내 모습

 토요일은 아침부터 정신없이 바빴다. 엄마는 고구마튀김을 만드느라 바쁘셨고 아빠는 오랜만에 단정한 양복 차림을 갖추느라 바빴다. 나는 아홉 시까지 학교에 가야 했고 초대받은 사람들은 열 시까지 오기로 했기에 먼저 집을 나섰다.

 "엄마, 아빠, 나 먼저 갈게요! 조금 이따가 봐요."

 나는 엄마가 정성스럽게 만든 고구마튀김을 챙겨서 학교에 갔다. 물론 캐스터라는 꿈에 걸맞은 양복과 마이크도 잘 챙겼다.

 "이태경!"

 어디선가 들려오는 걸걸한 목소리! 역시 연지였다. 연지는 이미 명찰을 차고 있었다.

"어? 연지 너는 방송국 PD야?"

"응. 나랑 잘 어울리지? 이야, 냄새 좋은데 무슨 음식이야?"

"고구마튀김."

"나는 초코파이 한 상자 사 왔어. 우리 부모님은 바빠서 못 오시게 됐거든. 그래서 옆 반 친구 두 명 초대했다."

우리는 재잘재잘 수다를 떨며 교실로 갔다. 교실 문에는 '꿈 파티장'이라고 적힌 큰 종이가 붙어 있었다. 교실에 들어가니 아이들

은 책상을 옮기고 있었다. 책상 몇 개가 교실 한가운데 모였고 각자 가져온 음식을 거기 올려놓았다. 교실은 우리가 며칠 전부터 공들여 만든 장식으로 꾸며져 있었다. 음악도 잔잔하게 깔려 정말 파티에 온 것 같았다.

다들 신나게 파티 준비를 했다. 음식도 가지런히 정리하고 손님들이 왔을 때 앉을 수 있도록 의자도 나란히 놓았다. 재민이는 정말 빨간 카펫을 가지고 왔는데, 무늬가 엄청 화려한 옷을 입고 있었다. 민규는 하얗고 큰 와이셔츠를 입고 있었다.

"민규야, 넌 뭐야?"

"어허, 이태경 캐스터는 의사 가운도 몰라보십니까?"

"하하하. 죄송해요, 의사 선생님."

동규는 무척 예쁜 집 사진들을 벽에 붙여 놓았다.

"동규야, 여기 너희 집이야?"

"아니. 내가 만든 집이야. 태경이 네 집도 만들어 줄까?"

"응! 너무 좋아."

열 시가 되자 하나둘씩 손님이 모여들었다. 우리는 손님을 맞이하며 인사했다.

"어서 오세요! 5반의 꿈 파티에 오신 것을 환영합니다. 그럼, 파티를 마음껏 즐겨 주세요."

손님들과 우리는 의자에 앉았다. 선생님은 간단하게 꿈 파티를 설명하고는 파티를 즐기는 법을 알려 주셨다.

"명함을 주면서 자기소개를 하세요. 최대한 많은 사람의 꿈을 물어보고 대답해 주세요."

다들 텔레비전에서 본 어른들 파티처럼 잔을 들고 다니면서 인사하고 대화를 나누었다. 나는 종이컵에 오렌지주스를 붓고 호주머니에는 꿈 명함을 넣고 돌아다녔다.

"안녕하세요. 이태경입니다. 저는 야구 캐스터로 일하고 있습니다."

"안녕하세요. 저는 김수민이에요. 대학생을 가르치는 교수랍니다."

"교수님이시군요. 어떤 것을 가르치시나요?"

"저는 미술을 가르치고 있어요. 아, 어제 방송으로 기오와 도산의 경기 잘 봤습니다."

아이들은 모두 자기 꿈이 실제로 이루어진 것처럼 자연스럽게 행동하고 말했다.

"저는 할리우드에서 활동하고 있는 배우 윤재민이에요."

"저는 동물을 돌보고 병을 고치는 수의사 김은서입니다."

"그러세요? 저희 강아지도 봐 주실 수 있을까요?"

"그럼요. 언제든지 찾아와 주세요."

처음에는 약간 어색해했지만 우리는 서로 어떤 집에 사는지도 물어보고 휴대폰으로 사진을 찍으며 파티를 재미있게 즐겼다. 부모님들도 꿈이 적혀 있는 명찰을 차고 계셨다. 누구의 아빠인지 모르겠는데 어떤 분의 명찰은 '빌딩 주인'이라고 적혀 있었고 우리 엄마 명찰엔 '드라마 작가'라고 적혀 있었다.

'엄마가 드라마 작가를 꿈꾸고 있었다고?'

처음 안 사실이었다. 드라마 작가가 된 엄마? 너무 멋질 것 같았다.

시간이 지나고 준비해 온 음식도 거의 동났을 때쯤 선생님은 마법의 카메라를 꺼내셨다.

"이건 자기 미래 모습을 보여 주는 마법의 카메라예요. 오늘이 꿈 수업 마지막 날이니 다들 사진이라도 한 장씩 찍어요. 한 명씩 나오세요."

우리는 첫날에 그랬던 것처럼 선생님 앞에 서서 사진을 찍었다. 달라진 점이 있냐고? 물론이다. 동규와 재민이가 자기들이 제일 먼저 찍겠다고 마구 손을 흔들었고 첫날에는 사진을 찍지 않았던 친구들도 모두 사진을 찍었다. 나도 사진을 찍는 게 더는 망설여지지 않았다. 선생님은 마법의 카메라에 찍힌 사진을 다음 주에 인화해 주겠다고 하셨다.

'마법의 카메라가 담아낸 내 미래 모습은 어떨까?'

"오늘 파티에 참여해 주셔서 정말 감사합니다. 즐거운 시간이었어요. 마지막으로 제가 가지고 있는 꿈 사탕을 다 털어서 하나씩 나눠 드리고 마무리할게요."

우리는 모두 사탕을 하나씩 받았다. 드디어 엄마, 아빠도 꿈 사탕을 먹었다. 부모님은 내가 맨 처음 사탕을 먹었을 때처럼 신기한 표정으로 사탕을 드셨다. 나는 자연스럽게 사탕을 입에 넣었는데,

글쎄 사탕이 이렇게나 맛있을 수가 없었다. 지금까지 먹은 사탕 중 가장 달콤했다. 한 번도 먹어 본 적 없는 환상적인 맛, 이게 바로 진짜 꿈 사탕의 맛인가 보다.

오늘부터 한 걸음씩, 내 꿈에 다가가다

주말에 재민이와 동규를 만났다. 우리는 영어 학원 숙제를 같이 했다. 재민이는 할리우드 영화배우가 되려면 영어를 잘해야 한다면서 전보다 더 열심히 영어 공부를 했다. 나도 야구 캐스터가 되려고 숙제를 열심히 했다. 숙제를 다 하고는 자전거도 같이 탔다. 파티가 끝나고도 그날 먹은 꿈 사탕의 맛이 잊히지 않아 다들 입맛을 다시기도 했다.

월요일이 되자 선생님은 사진을 가져오셨다.

"자, 여러분의 꿈 수업이 끝났고 파티도 성공적으로 열었어요. 그리고 오늘은 마법의 카메라로 찍은 사진을 받는 날이에요."

'마법의 카메라로 찍었으니 사진은 신비로운 분위기일까? 첫날에는 어떻게 찍었는지 기억도 안 나.'

나는 너무 궁금했다. 다른 친구들도 마찬가지인지 호기심에 눈이 반짝거렸다. 선생님은 한 명씩 이름을 불렀다.

"태경이, 사진 받아 가세요."

나는 선생님께 사진 두 장을 받았다. 한 장은 첫날 찍은 사진이었고 또 다른 한 장은 어제 찍은 사진이었다. 그런데 마법의 카메라로 찍었는데도 별로 특별한 사진으로 보이지 않았다.

'이게 뭐지? 그때 꿈이 없어서 그냥 그대로 나온 건가?' 하고 연지 사진을 살짝 엿봤는데 나랑 비슷했다. 조금 실망스러웠다.

"자, 여러분. 두 장의 사진을 같이 놓고 비교해 보세요."

비교해 보라고? 첫날 찍은 건 긴장해서 그런지 우울해 보이기도 하고 표정도 당황스러워 보였다. 어제 찍은 사진에서는…… 근사한 양복을 입고 활짝 웃고 있었다.

"마법의 카메라는 미래 모습을 찍어 준다고 했지요. 여러분이 보기엔 미래의 모습이 나온 것 같나요?"

음, 사진 속 내 모습이 야구 캐스터 같냐고 물으면 그렇다고 대답할 것 같았다.

"자, 5반 학생 중 장래 희망이 없는 사람, 손 들어 볼까요?"

손을 드는 사람은 아무도 없었다. 모두가 열심히 꿈 수업을 들으며 꿈을 찾고 미래 모습으로 꿈 파티에 참여하기까지 했으니 말이다. 재민이와 동규도 친구들의 꿈 공책을 훔쳤다 돌려주고 반성한 뒤로는 정말 열심히 했다.

"다들 꿈을 찾았나요?"

우리는 다들 힘차게 "네!"라고 대답했다.

나는 4학년이 될 때까지만 해도 내가 잘하는 것도 몰랐고 하고 싶은 것도 없었다. 선생님과 수업을 하면서 내가 어떤 과목을 좋아하는지도 알았다. 야구 캐스터가 되어야겠다는 꿈도 가졌다. 그리고 재민이와 동규의 꿈도 알 수 있었고 우리 삼총사, 아니 사총사의 우정도 돈독해졌다. 물론 은서에게 고백도 했다.

"여러분, 꿈 수업은 끝난 게 아니에요. 선생님은 방법만 알려 준 거예요. 그리고 약간의 마법을 부린 거죠. 이제 여러분이 스스로 미래 일기를 쓰고, 버킷 리스트를 채우고, 꿈 보드를 더 풍성하게 만들어야 정말로 꿈을 이루게 되는 겁니다. 2학기 때도, 5학년이 되어서도, 그 이후로도 쭉이요. 그러면 여러분이 원하는 인생을 살 수 있을 거예요. 그때쯤이면 꿈 공책이 수십 권은 되겠죠?"

그렇구나. 이제 나는 꿈이 뭐냐고 물었을 때 시원하게 대답할 수 있다. 지금까지 선생님과 해 왔던 것처럼 오늘부터 한 걸음씩, 꿈 공책에 내 꿈을 채워 나가야겠다. 나는 은서가 있는 쪽을 바라봤다. 은서와 나는 서로 눈이 마주쳤고, 활짝 웃었다.

여러분의 꿈을 찾으셨나요?

　선생님은 여러분 또래의 학생들과 함께 학교에서 생활하고 있어요. 그런데 꿈이 없는 친구들이 많아서 참 안타까웠어요. 꿈이 있으면 힘이 나요. 그리고 꿈이 있으면 더 활기차고 열심히 살아가게 돼요. 여러분도 태경이가 했던 것처럼 꿈 공책에 연필로 직접 써 보고 조사해 보면서 꿈을 찾기를 바랍니다.

　재민이와 동규가 친구들의 꿈 공책을 몰래 보면서 무슨 생각을 했을까요? 아마 친구들의 꿈을 보고 난 후에 두 친구는 차마 공책을 찢을 수 없었을 거예요. 한편으로는 꿈이 있는 친구들이 부럽기도 했을 거고요.

여러분도 지금 시작하세요! 엄청난 꿈도, 아주 작은 꿈도 모두 좋아요. 그 누구도 여러분의 꿈에 대해 뭐라고 할 수 없어요. 이 책을 읽고 꿈을 소중하게 여기게 되는 순간, 선생님이 가지고 있는 마법의 능력은 여러분에게도 옮겨 갈 거예요. 거울을 보세요. 여러분은 모두 소중한 존재입니다. 여러분의 꿈 공책에 더 많은 꿈이 채워지기를 바랍니다. 선생님이 응원할게요. 파이팅!

베스트셀러 작가를 꿈꾸는

이서윤 선생님이

똑 부러지는 어린이 ❸ 진로 편
나만의 꿈을 찾아요

초판 1쇄 발행 2025년 7월 10일

글쓴이 이서윤
그린이 국민지
펴낸이 민혜영
펴낸곳 데이스타
주소 서울특별시 마포구 월드컵로14길 56, 3~5층
전화 02-303-5580 | 팩스 02-2179-8768
홈페이지 www.cassiopeiabook.com | 전자우편 editor@cassiopeiabook.com
출판등록 2012년 12월 27일 제2014-000277호

ⓒ이서윤·국민지, 2025
ISBN 979-11-6827-333-7 73810

이 책은 저작권법에 따라 보호받는 저작물이므로 무단 전재와 무단 복제를 금지하며, 이 책의 전부 또는 일부를 이용하려면 반드시 저작권자와 (주)카시오페아 출판사의 서면 동의를 받아야 합니다.

- 데이스타는 (주)카시오페아 출판사의 어린이·청소년 브랜드입니다.
- 잘못된 책은 구입하신 곳에서 바꿔 드립니다.
- 책값은 뒤표지에 있습니다.